信長と本能寺の変
謎99

かみゆ歴史編集部

イースト新書Q

Q065

はじめに

「織田信長」。その名は誰もが聞いたことがあるだろう。日本史の教科書を紐解けば、「戦国時代の解説は織田信長の解説とイコール」、といってもいいくらい超有名な人物である。しかし、信長個人について私たちが知っていることはどのくらいあるのだろうか。もしかして、彼のほんの少しの部分のことだけではないのだろうか。

同時に、信長が家臣の明智光秀に殺害された「本能寺の変」は、400年以上経った今でも決着を見ていない迷宮入りの事件である。そのため光秀が信長を殺害するにいたった動機については議論百出している。「光秀は信長に恨みがあった」、「光秀単独の犯行ではなく共犯がいる」、「中国大返しをやってのけた豊臣秀吉が怪しい」、「将軍を追われた足利義昭が怪しい」、いや「信長との関係が悪化した朝廷が怪しい」などなど。本能寺の変が戦国時代、いや日本史史上最大のミステリーといわれる所以である。

なぜ、光秀は信長を殺害したのか――こればかりは光秀本人に聞くしか解決の方法はないのかもしれない。しかしミステリーは答えがわからないからこそ、答えを探している時間が一番楽しいといえる（答えを知ってから謎を楽しむ方もいるが）。

本能寺の変の当事者である織田信長と明智光秀の事績や人物像、家族について、そして本能寺の変をめぐる事情や背景について、テーマごとに掘り下げて解説するというのが本書の趣旨だ。最新の研究を踏まえ、特定の意見に偏ることなく、なるべく客観的な説明になるように努めた。

信長の先祖や家族、個人的な性格などに迫った「1章 知られざる信長のパーソナリティと家族」。信長の合戦スタイルや桶狭間の戦い、長篠の戦いなどよく知られた合戦についての新解釈などを紹介した「2章 信長の合戦と戦術をめぐる謎」。本能寺の変を語るうえで外せない明智光秀の生涯や、光秀と信長との関係性に迫った「3章 失われた明智光秀の記録」。本能寺の変当日の両者の動きや、変に関わった人物の行動を追った「4章 本能寺の変にまつわる謎」。本能寺の変の動機として唱えられている説を解説した「5章 本能寺の変に黒幕はいたのか」。以上、視点を変えて信長と本能寺の変を見つめる5章構成である。

最初から順番に読み進めてもよいし、興味のあるところから読み進めて頂いてもよい。さて、本書を最後まで読んだあなたは、どのような答えにたどり着いているのだろうか。

かみゆ歴史編集部

信長と本能寺の変 謎99●目次

3章 失われた明智光秀の記録

4章 本能寺の変にまつわる謎

5章 本能寺の変に黒幕はいたのか？

織田信長・明智光秀　関連年表

※日付は旧暦で示す

年	月日	織田信長	明智光秀
享禄元（１５２８）			明智光秀誕生？（諸説有り）↓Q36、37
天文3（１５３４）	5月12日	織田信長（吉法師）誕生↓Q5、6	
天文4（１５３５）	8月		父・光綱死去。叔父の光安が後見人に
天文15（１５４６）		元服し、信長と名乗る	
天文16（１５４７）		初陣を果たす（吉良大浜の戦い）↓Q21	
天文18（１５４９）		斎藤道三の娘・濃姫と結婚（諸説有り）↓Q3、8	
天文21（１５５２）	3月3日	父・信秀が死去（諸説有り）↓Q3	
天文22（１５５３）	閏1月13日	守役だった平手政秀が自刃↓Q10	
弘治2（１５５６）	8月24日	実弟・信勝（信行）と家督をめぐり戦う↓Q11	
	9月		光安が斎藤義龍に討たれ、美濃を去る↓Q41
			越前朝倉氏の家臣となる↓Q42
永禄元（１５５８）	11月2日	信勝を謀殺する↓Q11	
永禄3（１５６０）	5月19日	桶狭間の戦いで今川義元を討つ↓Q23、24	
永禄5（１５６２）		松平元康と同盟を結ぶ（清洲同盟）	
永禄8（１５６５）		尾張を統一する	
永禄10（１５６７）	不詳		足利義昭の家臣・細川藤孝と出会う↓Q43
	5月	徳姫を松平信康に嫁がせる↓Q20	

永禄11(1568)	8月	美濃攻略。岐阜城(稲葉山城)に移る↓Q25	
		妹・お市の方を浅井長政に嫁がせる↓Q7	
		光秀、足利義昭の家臣として信長に接触↓Q46	
			信長と義昭に両属状態となる↓Q47
	9月26日	足利義昭を奉じて上洛↓Q52	
永禄12(1569)	1月		三好三人衆らから義昭を守る↓Q46
	4月以降		織田家家臣らとともに京周辺の政務に参画
	8~10月	南伊勢平定。息子・信雄を北畠氏の養子に	
元亀元(1570)	4月10日		下久世荘の管理をめぐって東寺と紛争↓Q47
		浅井長政に裏切られる↓Q26	
	4月28日	金ヶ崎の退き口↓Q48	
	6月28日	姉川の戦いで浅井・朝倉連合軍を破る↓Q27	
	12月		宇佐山城(近江)の城主となる
元亀2(1571)	9月12日	比叡山焼き討ち↓Q28、48	
			坂本城の築城を開始↓Q49
元亀3(1572)	12月	徳川家康が武田信玄に大敗(三方ヶ原の戦い)↓Q29	
元亀4(1573)	2月	足利義昭が信長に対して挙兵する	
		光秀、信長の直臣となり義昭と敵対↓Q46	
	7月	降伏した足利義昭を京から追放する	
	8月	浅井・朝倉両氏を滅ぼす	

年	月日	織田信長	明智光秀
天正2（1574）	7〜9月	長島一向一揆を制圧↓Q30	
天正3（1575）	5月21日	長篠の戦い↓Q31、32、33	
	7月		惟任の姓と日向守の官位を賜る↓Q51
	8月	越前一向一揆平定	
	9月	信長、光秀に丹波攻略を命じる↓Q55	
	10月	長宗我部氏の懐柔を開始↓Q99	
	11月28日	織田家の家督を嫡子・信忠に譲る↓Q16	
天正4（1576）	1月	安土城の築城を開始	黒井城攻略に失敗し、丹波攻略が中断↓Q55
	5月7日	天王寺の戦い↓Q34	
	7月13日	第1次木津川口の戦い。毛利方の水軍に敗北↓Q35	
	11月7日		正室・煕子が坂本城で死去↓Q60
天正5（1577）	2〜3月	紀州征伐	
	8月	松永久秀が謀反を起こす↓Q66	
	10月		丹波攻略を再開↓Q55
	11月	従二位・右大臣に昇進	
天正6（1578）	2月	播磨国で別所長治が謀反を起こす↓Q66	
	4月	右大臣・右近衛大将を辞する	
	7月	対毛利水軍用に大船を建造	

年	月	出来事	光秀関連
	8月		娘の玉を細川藤孝の嫡男・忠興に嫁がせる
	10月	荒木村重が謀反を起こす↓Q 66	荒木村重が籠もる播磨・有岡城の包囲に参加
	11月6日	第2次木津川口の戦いで毛利方の水軍を破る↓Q 35	
天正7(1579)	5月	安土城の天主が完成する	
		安土宗論が行われる↓Q 12	
	9月		光秀が丹波攻略を完了↓Q 55
	12月	荒木村重の一族郎党を処刑	
天正8(1580)	3月	関東の北条氏より従属の申し出を受ける	
	閏3月	石山本願寺が降伏、一部は8月まで籠城継続	
	8月	重臣の佐久間信盛らを追放↓Q 54	
	8月～11月	信長が細川藤孝に丹後を、筒井順慶に大和を与える(いずれも光秀の与力)	
天正9(1581)	2月		京都馬揃え↓Q 58
	6月		明智光秀が家中軍法を定める↓Q 59
			長宗我部氏との関係が悪化↓Q 98
天正10(1582)	3月		甲州征伐(甲斐武田氏滅亡)↓Q 63
	4月	太政大臣・関白・征夷大将軍いずれかへ任官が内定?	
	5月		徳川家康の饗応役を務める↓Q 64
	6月2日		本能寺の変
			細川藤孝らが光秀の協力要請を拒否↓Q 84
	6月13日		山崎の戦いで秀吉に敗れ、死亡↓Q 85

本能寺の変　当日の推移

天正10(1582)年6月1日16時〜2日14時頃

6月1日	16時頃	明智光秀、家中に出陣の準備を命令する
	18時頃	光秀、亀山城を出陣。老ノ坂を越え、京方面に
	夜	織田信長、本能寺で息子信忠らと歓談。その後、就寝
6月2日	未明	光秀、沓掛で進軍を停止。家臣の安田国継が京に先行
	明け方	その後、京西方の桂川を渡河し、丹波口より入京する
		光秀、軍を複数の部隊に分割し、本能寺へ向かう
	日の出直前	斎藤利三の先遣隊が、番兵を殺害して本能寺内に侵入
		明智勢、日の出までに本能寺の包囲を完了する
	日の出頃	明智勢が本能寺の御殿に向けて発砲開始
		森乱丸らが応戦するが、次々と討ち死にする
		信長、自ら応戦するが負傷。御殿の奥に退く
	5時頃	村井貞勝、本能寺に向かうが境内に入れず、妙覚寺へ
	5時〜6時頃	信忠、父の救援のため、妙覚寺を出て本能寺へ向かう
		村井貞勝、信忠と合流し、本能寺は焼け落ちたと報告
		信忠、父の救援を諦め、二条新御所に入る
	5時〜6時半頃	信長、侍女たちを逃した後、御殿の奥で切腹
	6時頃	本能寺を陥落させた明智軍、二条新御所に押し寄せる
		御所内に誠仁親王がいたため、戦闘は膠着状態に
	7時前後	誠仁親王、村井貞勝を使者とし、光秀に進退を伺う
		光秀、誠仁親王の退去を許可。親王一行は御所から脱出
	7時〜8時頃	数刻(2〜3時間)に及び、信忠方と明智方の戦闘が展開
		村井貞勝をはじめ、織田家の重臣が次々と討ち死に
	8時前後	信忠が切腹する
	8時〜14時頃	明智勢、京で落武者狩りを行う
		近江に通じる瀬田の橋を破壊され、安土占領に失敗
	14時頃	明智勢、粟田口から京を出て、坂本城へ向かう

※時間は一部憶測を含む。また、経過・出来事についても諸説ある

本能寺の変　発生時の京（天正10年6月2日）

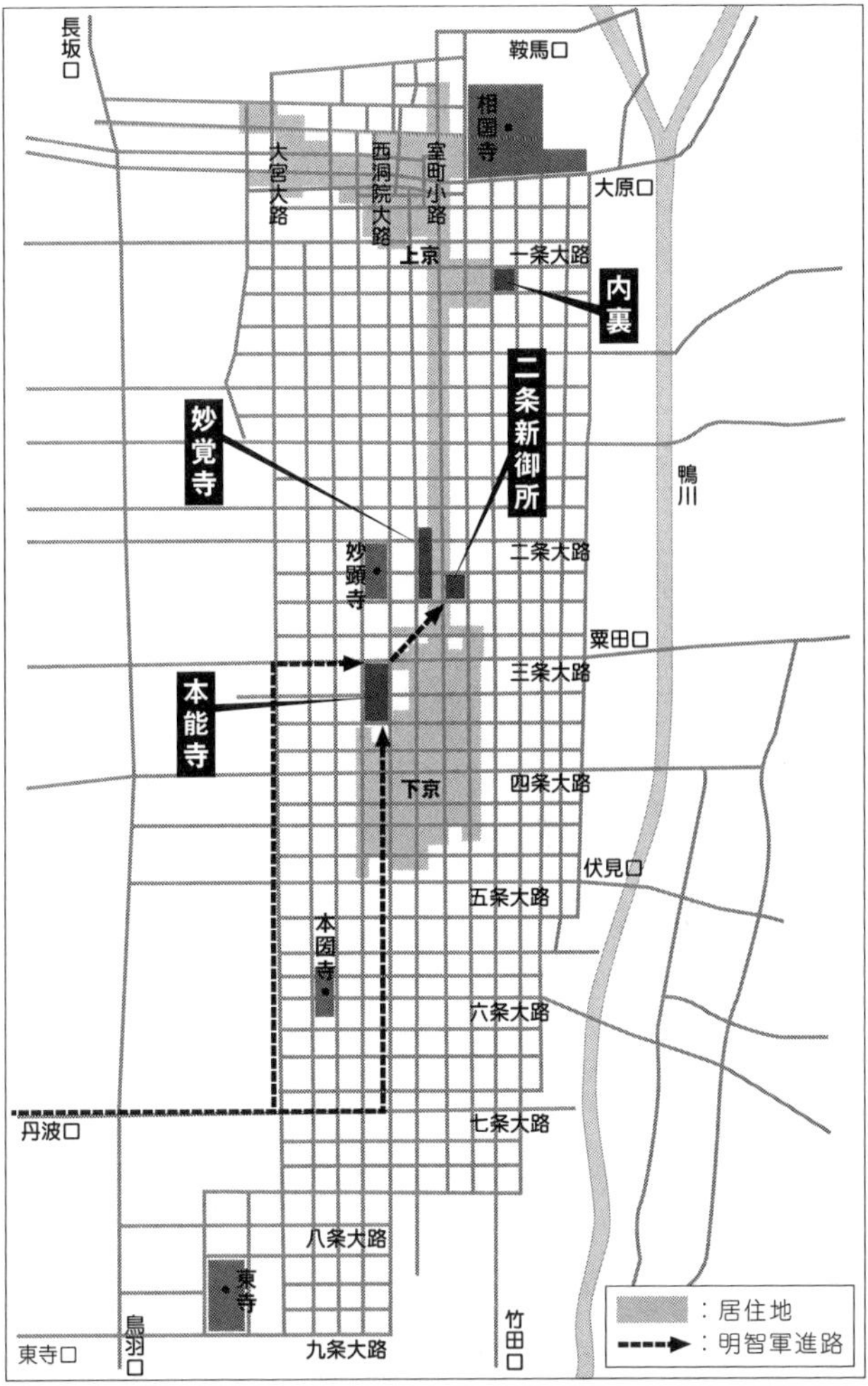

織田信長・明智光秀　関連史料

資料名（成立時期）	概要	信頼性
御湯殿上日記（1477～1826年頃）	宮中の女官の当直日誌。信長に関する記述も多い	高い
多聞院日記（1478～1618年頃）	興福寺多聞院の院主の日記。写本のみが残る	
蓮成院記録（1490～1614年頃）	日記などをまとめた、興福寺蓮成院に伝わる記録	
兼見卿記（1570～92年頃）	明智光秀と親しかった神職・吉田兼見の日記	
言経卿記（1576～1608年頃）	公家・山科言経の日記。畿内の政情の記述が豊富	
晴豊公記（1578～94年頃）	公家・勧修寺晴豊の日記。本能寺の変の詳述がある	
立入左京亮入道隆佐記（1578～93年頃）	多くの戦国武将と交流した商人・立入宗継の覚書集	
宇野主水日記（1580～86年頃）	本願寺顕如の右筆だった、宇野主水の日記	
信長公記（1600年頃）	信長の近侍・太田牛一の記録。客観的で正確な内容	
日本史（1583～94年頃）	イエズス会宣教師のルイス・フロイスによる報告書	評価が分かれる
当代記（1624～44年頃）	松平忠明編という説がある戦国～江戸期の史料	
本城惣右衛門覚書（1640年頃）	本能寺の変に参加した明智兵・本城惣右衛門の証言	
細川家記（1778年頃）	小野景湛が編纂した、藤孝～光尚の細川４代の記録	
惟任謀反記（1582年頃）	秀吉家臣・大村由己の光秀謀反から敗北までの記録	低い
信長記（1604年頃）	『信長公記』を儒教的に脚色した、小瀬甫庵の小説	
祖父物語（1607年頃）	柿屋喜左衛門が祖父から聞いた戦国武将の逸話	
川角太閤記（1621～23年頃）	川角三郎右衛門作の逸話集。光秀旧臣の証言を採用	
三河物語（1622年頃）	旗本・大久保忠教の家訓書。本能寺の変の記述あり	
豊鑑（1631年頃）	竹中半兵衛の子・重門による、豊臣秀吉の伝記	
勢州軍記（1635～36年頃）	紀州藩士・神戸良政による、戦国時代の伊勢の記録	
総見記（1685年頃）	遠山信春という人が、甫庵信長記を改正した軍記物	
明智軍記（1688～1704年頃）	作者不詳。光秀の美濃脱出～敗死を描いた軍記物	
柏崎物語（1787～88年頃）	柏崎三郎右衛門という人物が語った戦国武将の逸話	

1章

知られざる信長のパーソナリティと家族

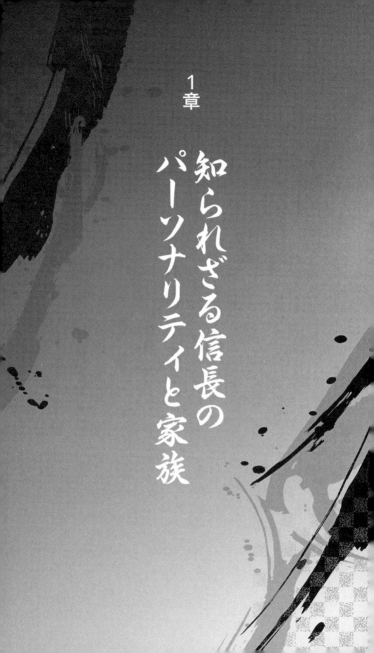

Q1 織田氏のルーツは平氏ではなく越前の神職・忌部氏にある?

寿永《じゅえい》4年（1185）の壇《だん》ノ浦《うら》の戦いで海中に沈んだ平清盛の孫・資盛《すけもり》。その愛妾の子の親真《ちかざね》は越前織田荘《おたのしょう》（福井県越前町織田）の神職の養子となって織田姓を名乗ったとされる。そしてその16代目が織田信長の父・信秀《のぶひで》であると複数の系図が示しているが、これが本当ならば織田氏は平氏の子孫だということになる。しかしこの説の根拠となる系図の多くは江戸時代に作成されたものであり、その信憑性は極めて低い。

越前町教育委員会の調査によると、親真は越前の劔《つるぎ》神社の神職・忌部親澄《いんべのちかすみ》の子とされており、その墓の一部も発見されている。この子孫が後に織田姓を名乗り、越前国守護の斯《し》波《ば》氏に仕えるようになったといわれる。応永《おうえい》7年（1400）、斯波氏は越前の他、尾張の守護も兼任することになり、それにともなって織田氏も尾張に移り住み、守護代の地位に就いたようだ。信長が劔神社を氏神として格別に保護していたことからも、織田家の祖先は平氏ではなく、越前の忌部氏である可能性が高いといえる。

織田氏の祖が神職を務めた劒神社。神社には柴田勝家が、劒神社・織田寺の門前に税の負担を免除した書状が残っている（福井県観光連盟提供）

しかし信長の生存当時より、世間には織田氏は平氏の流れを汲むという認識があったようだ。信長は若い頃に「藤原信長」を名乗っていたが、ある頃より平氏の子孫を称するようになった。これは南北朝時代に流布した「源平交代説」によるものといわれている。武家政権は源氏と平氏が交代で担っていくというものだ。

武家政権は平氏ではじまり（平清盛）、源氏（源頼朝）に移って、次いで平氏を称する北条氏、その次が源氏の足利氏だ（足利尊氏）。足利氏の室町幕府が弱体化していた頃、次に政権を担うのは平氏だといわんばかりに、信長は平氏の末裔を自称したのだと思われる。

Q2 信長の生家「織田弾正忠家」の一族内での位置付けは？

斯波氏に仕えていた織田氏は、斯波氏の尾張国守護就任とともに尾張の守護代を務めるようになる。しかし斯波氏では当主・義敏《よしとし》とその弟・義廉《よしかど》の家督争いが起こった。応仁・文明の乱の一因にもなったこの争いは、家臣である織田氏の分裂も引き起こし、嫡流である守護代・織田敏広《としひろ》の伊勢守家と、支流である敏定《としさだ》の大和守家に分かれ、それぞれが義廉と義敏に付くことになる。岩倉城で義廉を奉じていた伊勢守家は岩倉織田家と呼ばれ、清須城で義敏を奉じていた大和守家は清須織田家と呼ばれた。

両織田家は文明《ぶんめい》8年（１４７６）に武力衝突を起こし、尾張支配をめぐって激しく争うが文明11年（１４７９）には和議が成立。岩倉織田家は丹羽《にわ》、葉栗《はぐり》、中島、春日井《かすがい》の上四郡を、清須織田家は海西《かいさい》、愛知の下二郡（のち四郡）を支配することになる。

この清須織田家には三奉行と呼ばれる因幡守家、藤左衛門家、弾正忠《だんじょうのちゅう》家という三つの有力な分家があり、このうち弾正忠家の初代・良信《すけのぶ》が信秀の祖父、つまり信長の曽祖父

信長の生家の位置付け

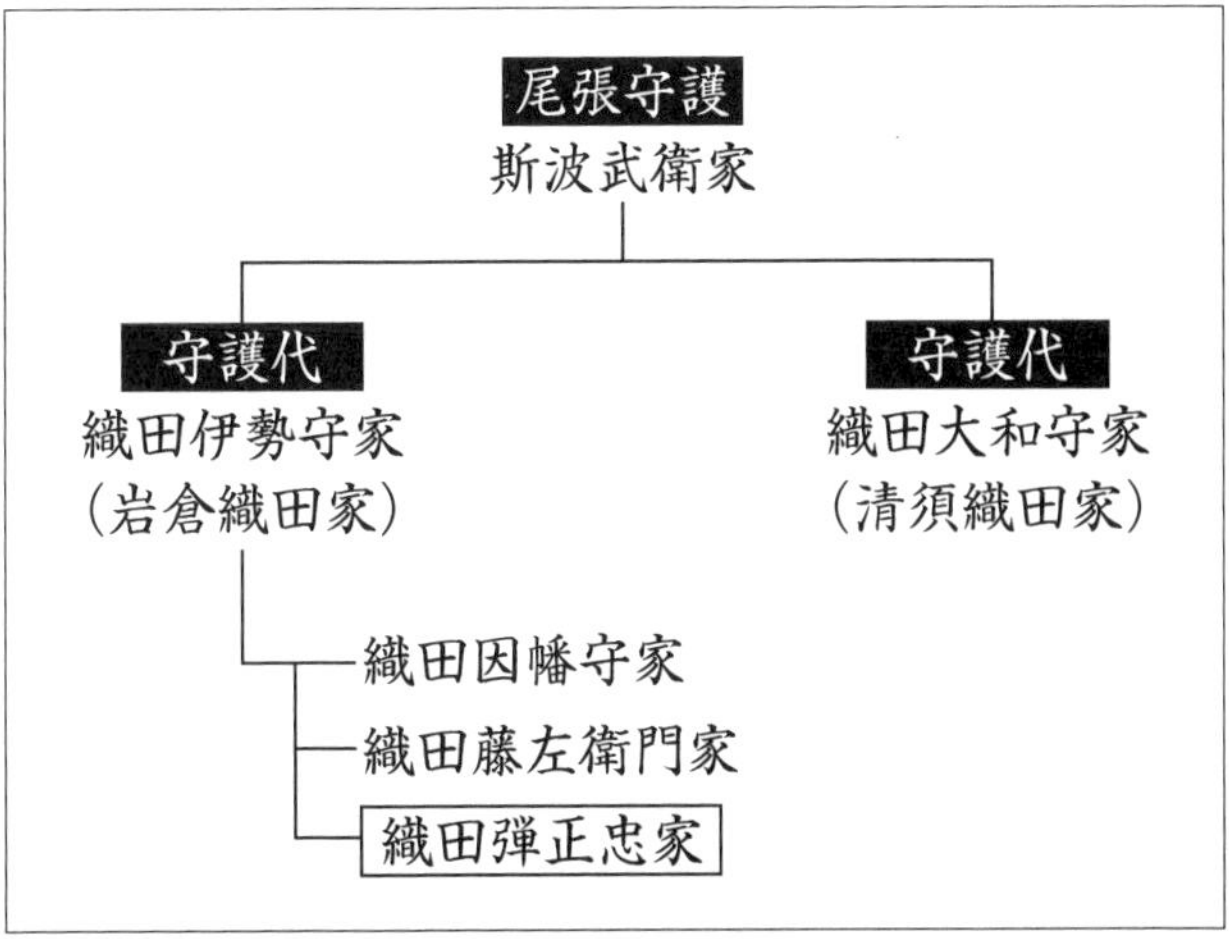

とされている人物だ。良信の子・信貞《のぶさだ》は勝幡《しょばた》に城を築き、居城としたため弾正忠家は勝幡織田家とも呼ばれる。良信、信貞、信秀、信長まで弾正忠を名乗っている。この弾正忠家の流れを汲む勝幡織田家こそが信長の「生家」であり、信長は勝幡城で生まれたとされている。

勝幡織田家は信貞の頃に伊勢湾に近い津島を支配下に置き、経済的にも勢力を強めて、織田一族で最も強大な勢力を誇るようになる。

弾正忠とは、律令体制下の弾正台という警察組織の中の役職の一つだ。勝幡織田家の人びとがこれを名乗っていた頃は、すでに有名無実となっていた。

Q3 信長は父・信秀からどんな影響を受けていたのか？

信長は、父・信秀から多くのことを学び、それを実践していった。戦略や上位権力者への接し方など、親子で多くの共通点が見られ、信長は父に強い影響を受けていたようだ。

信秀は永正《えいしょう》8年（１５１１）、勝幡城で生まれた。大永《だいえい》6年（１５２６）頃、17歳で家督を相続、勝幡城を居城とする。当時の尾張国内は統一されておらず、西に美濃の斎藤道三、東に三河の松平清康《まつだいらきよやす》、そのさらに東には遠江・駿河の今川義元がひかえる不安定な状況にあった。しかし信秀は勢力拡大のために動きはじめる。

西への勢力拡大を目論む信秀は、まず那古野《なごや》城に目を付け、天文《てんぶん》7年（１５３８）、これを謀略で奪取、居城とした。そこから古渡《ふるわたり》城、末盛《すえもり》城と西へ向けて拠点を移していく。美濃攻略に行き詰まっていた天文18年（１５４９）、信長と斎藤道三の娘・濃姫（帰蝶）との政略結婚でその脅威を取り除くことに成功。その3年後、末盛城で41歳で没した。

天文21年（１５５２）、19歳で家督を相続した信長は、父と同様に西へ向けて動きはじめる。信長も那古野城、清須城、小牧山城、岐阜城、安土城と、信秀のように居城を転々としながら徐々に京都に近づいていった。生涯に何度も居城を移した戦国大名は、信秀・信長以外にはいないとされているほどで、この親子には、状況に応じて拠点を変える柔軟性があった。また信秀も信長も籠城を好まず、一度も籠城戦を経験していない。必ず城から打って出て、できるだけ居城から離れたところで戦うという点も共通する。これは両者が居城を軍事拠点ではなく経済拠点と考えていたからともいわれる。

永禄《えいろく》11年（1568）、信長が足利義昭を奉じて上洛し、室町幕府の再興に尽力したことは知られている。信長は将軍である義昭をそれなりに立てていたのだが、両者の関係は次第に悪化。元亀《げんき》4年（1573）、武田信玄や浅井長政《あざいながまさ》、朝倉義景《あさくらよしかげ》らと打倒信長の兵をあげた義昭を、信長は槇島城《まきしま》で破り、京都から追放する。

信長のこの上位権力者への接し方にも信秀の影響が見て取れる。天文元年（1532）、信秀は守護代・織田達勝《みちかつ》と戦い、その後和睦。両者は協力して尾張支配を進め、信秀は達勝を守護代として立てている。しかしその後、達勝の子・信友が敵対行動に出た際には容赦なく立ち向かった。上位権力者を立てるが、ひとたび敵となれば敢然と立ち向かうところもこの親子の共通点といえる。

Q4 信長と不仲だったとされる母 土田御前はどんな人物だった？

信長の母・土田御前《どたごぜん》は信秀の正室である。土田政久《まさひさ》の娘とも、生駒親重《いこまちかしげ》の娘とも伝えられるが、はっきりしたことはわかっていない。そして土田御前と信長との間には確執があったともいわれている。

土田御前は、奇妙な出立ちで粗暴な振る舞いをする信長より、品行方正な弟の信勝《のぶかつ》（信行）を偏愛し、織田家の家督を継がせたがっていたといわれる。嫡子として生まれた直後に生母から遠ざけられ、乳母に育てられた信長よりも、手元で育てた信勝に愛情が偏ってしまうのも無理からぬことだ。信秀の死後、土田御前は信長のもとを離れ、信勝とともに末盛城に移り住むことになる。

この母子の確執は兄弟の確執にも発展してしまう。弘治《こうじ》2年（1556）、稲生《いのう》の戦いで信長と信勝は激突。信勝の敗北で決するが、このときは土田御前の嘆願により、信長は信勝を許すことにした。しかしその後、再び反旗を翻した信勝に対しては許すことなく、清

土田御前と織田信秀に抱かれる幼い信長の銅像。信長誕生の地とされる勝幡城のある名鉄勝幡駅に立つ。銅像の後ろには、勝幡城の復元ジオラマがある

須城におびき寄せて謀殺する。

信長は、自分よりも弟をかわいがった母を憎んだわけではなかった。信勝の死後、信長は母を引き取ってよく面倒を見たという。その後も信長は、清須城から小牧山城、岐阜城、安土城と居城を移すたびに、土田御前をともない、手元に置いて孝養を尽くした。土田御前も信長を頼りにしていたのであろう。

天正6年（1578）、荒木村重《あらきむらしげ》が毛利氏と結んで信長に反旗を翻した際、信長は村重慰留のために母を人質に出そうとし、母も息子のためにとそれを望んだという。かつての確執はもうなくなっていたのであろう。

Q5 信長の出生地は那古野城と勝幡城のどちらなのか？

信長は天文3年（1534）に生まれたが、その誕生地については長年議論が続いていた。父・信秀の居城で生まれたのは間違いないが、それを勝幡城にするか那古野城にするかで意見が分かれていたのだ。那古野城は信秀が謀略で奪い取り、居城にした城である。そして信長はこの那古野城で生まれたという説が長年有力だった。

信長が那古野城で生まれたとすると、信秀の那古野城奪取後ということになる。『名古屋合戦記』では信秀の那古野城奪取を享禄《きょうろく》5年（1532）としているが、これは後世に書かれた史料であり、信憑性が低い。天文2年（1553）に前城主の今川氏豊《うじとよ》がまだ那古野城にいることが『言継卿記《ときつぐきょうき》』で証明されており、信長の誕生時期とは一致しない。

一方『尾州古城志』には信長は勝幡城で生まれたと記されている。また信秀が天文7年（1538）に那古野城付近の寺院に安堵状を発していること、その直後に守護代の援助で那古野城の改築をはじめていることなどから、信秀の那古野城奪取は天文7年とされてい

勝幡城の城域の南端に立つ碑。往時は二重の堀に囲まれ、三宅川を外堀とした立派な城館だったという。信定または信秀が、塩畑という地名を勝幡（勝ち旗の意）に変えたという

る。これらのことから、今では信長生誕の地を勝幡城とする説が有力である。

また、信長の誕生日についても諸説ある。5月11日説、5月12日説、5月28日説だ。11日説は『信長公記』の記述に基づく。信長が完成した安土城天主になかなか移転しようとせず、移転したことからこの日を「吉日」として選び、5月11日を「吉日」として選び、移転したことからこの説が唱えられている。またイエズス会宣教師のルイス・フロイスの書簡に、信長が自分の誕生日に自身を神として礼拝させる祭典を催したという記述があり、ここから12日説が、江戸時代に書かれた『土岐斎藤軍記』の記述から28日説がそれぞれ唱えられている。

Q6 次男とされる信長は異母兄が二人いる3男だった？

信長は、信秀の次男だと長年思われてきたが、じつは3男だったという説もある。信長には20人以上の兄弟姉妹がいたとされ、そのうち男は11人か12人、女は10人以上はいたともいわれている。信長の異母兄である信広《のぶひろ》は正室の子ではないため、長男でありながら後継者から除外されていたようだ。そのため次男であるが正室の子である信長が家督を相続することになる。では3男だったという説はどこから出てきたのだろうか。

信長の弟で、信秀の6男とされる秀俊《ひでとし》（信時《のぶとき》）は、じつは信秀の次男であり、信長の異母兄ではないかといわれているのだ。『信長公記』には「織田三郎五郎（信広）殿と申すは、信長公の御腹かわりの御舎兄なり。その弟に安房守殿と申し候いて」という記述がある。つまり信広の弟に安房守という人物がいるというのだ。秀俊は織田家の系図や『信長公記』では「安房守」として登場する。また、弘治2年（1556）2月付けの雲興寺《うんこうじ》宛て禁制《きんぜい》に「織田安房守秀俊」の署名があり、安房守＝秀俊であることは間違いないようだ。

通説の順序	
長男	三郎五郎信広
次男	三郎信長
3男	勘十郎信勝
4男	三十郎信包
5男	九郎信治
6男	喜蔵信時（秀俊）
7男	彦七郎信興
8男	喜六郎秀孝
9男	半左衛門秀成
10男	越中守（信照）
11男	源五郎長益
12男	又十郎長利

通説の順序	谷口克広氏の説での順序
長男	三郎五郎信広
6男	喜蔵秀俊
次男	三郎信長
3男	勘十郎信勝
8男	喜六郎秀孝
4男	三十郎信包
5男	九郎信治
7男	彦七郎信興
10男	越中守（信照）
9男	半左衛門秀成
11男	源五郎長益
12男	又十郎長利

歴史研究家の谷口《たにぐち》克広《かつひろ》氏によると、もし秀俊が信長の弟であれば、信広の弟ではなく「信長公弟」として『信長公記』に記述されていたはずであるという。

また秀俊の没年は弘治2年である（生年は不明）。信秀の4男とされる信包が天文12年（1543）生まれであり、これが秀俊の兄だとすると、秀俊は少なくとも12〜13歳頃に没したことになる。秀俊は没年の前年から守山城主を務めていることから、その経歴とも一致しない。この点も秀俊が信秀の次男であったとする説を補強している。前出の谷口氏は、秀俊が次男、信長が3男、信包が6男だったのではないかと指摘している。

Q7 信長の妹で有名なお市
他の姉妹にはどんな人物がいた？

信長の姉妹の数は諸説あり、4人という説から13人という説もあってはっきりしたことはわかっていない。信長の妹でもっとも有名なお市は、信秀の5女で信長とは母が違うとされている。美貌の持ち主であったといわれ、信長とも仲がよかったために両者の間に恋愛関係があったのでは、とする向きもあるようだ。永禄10年（1567）、お市は浅井長政に嫁ぐ。しかし天正元年（1573）、長政は信長に攻められて自刃。お市は3人の娘とともに信長のもとに戻る。本能寺の変後に柴田勝家と再婚するが、勝家の居城・北ノ庄《きたのしょう》城が羽柴秀吉に攻め落とされた際、自刃して果てた。

お市の他によく知られている妹にお犬がいる。信秀の8女とされ、お市同様、美貌の持ち主だったようだ。知多半島西部を支配する佐治信方《さじのぶかた》に嫁ぐが、長島一向一揆との戦いで信方が討ち死にした後、細川晴元《ほそかわはるもと》の嫡男・昭元《あきもと》と再婚。本能寺の変の後にこの世を去った。

信秀の次女とされる犬山殿は、従兄弟にあたる犬山城主・織田信清《のぶきよ》に嫁いでいる。しか

信長姉妹の嫁ぎ先

嫁ぎ先	姉妹	配偶者
織田一族	小田井殿	織田信直（小田井城主）
	犬山殿	織田信清（犬山城主）
	？	津田信成（小幡城主）
	野夫殿	津田元嘉（野府城主）
	？	津田出雲守
	？	飯尾尚清（奥田城主）
尾張の有力者	おくら	大橋重長（奴野城主）
	小林殿	牧長清（小林城主）
	お犬	佐治信方（大野城）→細川昭元
	？	丹羽氏勝（岩崎城主）
	？	山口重勝（星崎城主）
他国の有力者	？	遠山直廉（美濃·苗木城主）
	？	斎藤秀龍（美濃·小島城主）
	お市	浅井長政（近江·小谷城主）→柴田勝家
	？	神保氏張（越中·守山城主）→稲葉貞通

し信清は後に信長に反旗を翻し、美濃の斎藤義龍《よしたつ》と結んで信長に抵抗するようになった。信長によって犬山城が落城させられると信清は武田信玄を頼り、犬山殿とも離別。犬山殿は信長のもとで暮らすことになる。

その他、清須城の支城であったとされる小田井《おたい》城の城主・織田信直《のぶなお》に嫁いだ小田井の方や、尾張の小林城主・牧長清《まきながきよ》に嫁いだおとくの方（小林殿）などの他、尾張・岩崎城主で織田氏の家臣である丹羽氏勝《うじかつ》に嫁いだ者もいた。

名前がわからない者が多いが、どうやら織田一族や家臣団に嫁いだ者が多かったようだ。

Q8 たくさんいる信長の側室 未亡人を妻にすることもあった？

信長には妻が多くいたといわれ、その正確な数ははっきりしていない。少年時代から活動的だった信長は城外に出る機会も多かった。そのときに見初めた女性を側室にしていたり、侍女と関係を持つこともあったという。詳しいことが史料でわかるのは正室の濃姫の他、生駒氏（吉乃とも）、お鍋の3人である。これ以外にも側室が複数いたようだ。

妻の家柄を重視した秀吉や家康とは異なり、信長は女性の出自などにはあまりこだわらなかったようである。政略結婚であった濃姫は別にして、生駒氏とお鍋は自ら見初めて側室にした。生駒氏は土田御前と血縁関係にある生駒家の娘で、土田弥兵次に嫁いでいたが、弥兵次が戦で討ち死にした後は未亡人となって生駒家に戻っていた。あるとき生駒家を訪れた信長が、生駒氏の美貌に魅せられてしまい、その後たびたび生駒屋敷に出向くようになる。そして生駒氏は側室となり、嫡男・信忠《のぶただ》を生むのだ。

お鍋は近江の土豪・高畑氏の娘で、六角義賢《ろっかくよしかた》の家臣・小倉賢治（実房）に嫁いでいた。

生駒屋敷跡。戦国時代には小折城と呼ばれ、清須城をしのぐ広さを誇っていたという。吉乃の生家・生駒氏は、尾張徳川家の家老となって代々続いた

賢治は讒言により主君から切腹を命じられ、お鍋は未亡人となってしまう。かつて信長は上洛する際、斎藤義龍の刺客にねらわれたことがあり、このとき小倉家の支援で難を逃れている。その縁からお鍋は信長を頼った。信長は六角氏を討ち破り、人質になっていたお鍋の二人の子を取り戻し、そのまま側室として、2男1女（信高《のぶたか》、信吉《のぶよし》、振姫）をもうけたのである。

生駒氏やお鍋の例のみから、信長が未亡人を好んだと結論づけることはできない。しかし貴種の娘にこだわっていないところを見ると、家柄などで女性を見ていなかったのかもしれない。

Q9 大うつけと呼ばれた信長の奇矯な振る舞いのわけとは？

若い頃の信長は、髪は茶筅髷《ちゃせんまげ》、袖を外した湯帷子《ゆかたびら》を着て腰に縄を巻き、そこに派手な朱鞘の大太刀や瓢箪《ひょうたん》、火打ち袋などを下げ、丈の短い半袴《はんばかま》をはいていたという。当時としてはかなり奇抜なファッションだったようだ。街に出ては栗や柿、瓜などを食べながら人の肩に寄りかかって歩くという、これも当時としてはかなり行儀が悪く、「大うつけ」と呼ばれた理由もこれらの奇矯な振る舞いにあった。

この頃、権力は完全に地方の戦国大名に移っていたが、文化面では相変わらず京都の権威が強かった。父・信秀も京都から来た公家を丁重に扱い、家臣たちとともに芸能を学んだり、内裏の修理費として朝廷に多額の献金までしている。

軍事力が物をいう時代である。権力がなくなったはずの京都に権威の源泉だけが強く残り、周囲がみなそれを信奉し続けることに若い信長は業を煮やしていたのではなかろうか。その状況を打ち破ろうとして、信長は奇矯な行動を取っていたのかもしれない。

Q10 守役・平手政秀の自害は本当に信長を諌めるため？

信長の守役であり後見人でもあった平手政秀《ひらてまさひで》。信長の父・信秀の信頼も厚い戦略家で、信長と濃姫の婚姻による斎藤道三との和睦も政秀の手腕によるものだ。

天文22年（1553）閏1月、政秀は自害してしまう。「大うつけ」と評された信長を諌めるため、守役として責任を取らされたという説が一般的だ。ただし、当時織田家中には信長の弟・信勝を支持する勢力があり（↓Q11）、信長派と信勝派政秀はその勢力争いに巻き込まれたという説も提示されている。

同じ年の4月、20歳の信長は舅である斎藤道三と会見する。会見場となる寺に入ると信長は、髪を整え、長袴に短刀を差すという、それまでとは見違えるような出立ちで道三の前に現れた。これまで「大うつけ」のふりをしていたのではないか、とまでいわれたほどだったようだ。政秀の諌死がきっかけになったかは定かではないが、この年は信長が「大うつけ」から脱皮した年となったともいえる。

Q11

信勝謀反の影には斎藤義龍がいた?

信長は父・信秀の正室の子として、当然のように家督を相続したと思われがちだが、必ずしもそうではなかった。同母弟である信勝も家督をねらう強力なライバルであった。織田家の領内において信勝は、熱田神宮などに安堵状を出すなど一定の独立的な権限を持っており、信長もそれを無視できなかった。信秀の葬儀での信長の奇行とは対照的に、威儀を正した信勝を後継に推す者も織田家中にいたようである。

弘治2年(1556)に入ると、柴田勝家など信勝付きの家老たちが信勝擁立を企みはじめ、信勝も信長直轄地を押領するようになった。信長付きの家老であった林秀貞《はやしひでさだ》までもが信長に愛想を尽かして信勝擁立に動いたため、同年8月、両者はついに稲生原《いのうはら》で激突。兵力で劣る信長軍が、林秀貞の弟を討ち取るなどの大勝利をあげる。信長の戦後処理は寛大なもので、母・土田御前の懇願を受け、信勝ばかりか勝家や秀貞も許している。

しかし信勝は家督を諦めきれず、翌年2度目の謀反を計画する。信勝の背後には、信長

織田信秀が本拠とし、信勝に譲った末盛城跡の碑。城跡には現在、城山八幡神社が建っている

を共通の敵とする美濃の斎藤義龍がいたともいわれている。義龍は父・道三を討ち、その婿である信長と敵対関係にあったからだ。だが、この頃信勝のもとで疎んじられていた勝家が信長に密告。今度はさすがに許すわけにはいかず、信長は仮病を使って信勝を清須城におびき出し、謀殺した。

ところで織田家の系図の多くは、信勝を「信行」としている。しかし『信長公記』では一貫して通称の「勘十郎」が用いられており、発給文書では信勝の他「達成」「信成」なども見られる。信頼性の高い史料では「信行」という名を確認することはできない。

Q12 氏神や不動明王を信仰した信長は無神論者などではなかった？

比叡山焼き討ちや長島一向一揆の虐殺、石山本願寺との戦いなどから、信長は神仏を信じない人物というイメージが強い。しかし実際の信長は無神論者などではなかった。信長は桶狭間への出陣前に熱田神宮で戦勝祈願を行っており、熱田神宮に今も残る「信長塀」は、勝利のお礼に信長が寄進したといわれるものだ。また織田家の祖は越前二の宮・劔神社の神官も兼ねていた荘官だ。信長は劔神社を氏神として神領の寄進までしている。

そして織田家の菩提寺・万松寺《ばんしょうじ》には信長ゆかりの「身代わり不動明王」がある。信長は越前・朝倉攻めの帰途に狙撃されてしまうが、懐中の干餅に弾が当たって難を逃れた。信長は「不動明王の加護なり」といい、感謝して信仰したのだという。

素戔嗚尊や薬師如来なども守護神として信仰していた他、法華宗にも帰依していた信長。比叡山や長島一向一揆、石山本願寺などは、信長と対立したために弾圧したに過ぎない。決して無神論者などではなかったのである。

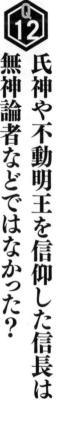

Q13 「人間五十年…」の幸若舞「敦盛」は信長の死生観を表していた？

「人間《じんかん》五十年、下天《げてん》の内をくらぶれば、夢幻の如くなり」。これは幸若舞《こうわかまい》の演目の一つ「敦《あつ》盛《もり》」の一節。一の谷の戦いで平家の若武者・平敦盛を討ち取った源氏方の熊谷直実《くまがいなおざね》の視点で描かれたものだ。信長はこれを好み、桶狭間への出陣前に清須城で舞ったことが『信長公記』に記されている。

また信長は「死のうは一定、しのび草には何をしよぞ」という小唄も好んだようだ。いずれも人の世の無常観や、人間には逆らうことのできない天命があるという死生観がこめられており、本能寺で明智光秀に攻められた際の「是非に及ばず」という言葉に通じるものがある。常に戦いの渦中にいた信長にとって深く共感するものがあったのかもしれない。

幸若舞は現在、国の重要無形民俗文化財に指定されている。福岡県みやま市瀬高《せたかまち》町の幸若舞保存会により口伝継承されており、日本で唯一残る幸若舞といわれる。町内の大江天満神社では「敦盛」が奉納されることがある。

Q14 信長は茶道具を家臣に恩賞として与えていた？

御所での茶会（禁中茶会）や中国から茶人を招いての大茶会（北野大茶会）を催すなど、茶の湯を愛好した豊臣（羽柴）秀吉。それは主君である信長の影響が大きい。信長は秀吉のような大々的な茶の湯のイベントを行うことはなかったが、茶の湯を好み、「名物狩り」と呼ばれるほどの名物茶道具の収集家でもあった。

信長は茶の湯を家臣のモチベーションアップに利用した。家臣などへの恩賞や臣従の証として茶道具を下賜し、茶会を行っても良いという許可を与えたのだ。これは家臣たちにとって大きな目標となる。柴田勝家はある茶釜の下賜を願い出たが信長に断られ、武功をあげてようやく手に入れることができた。天正10年（1582）の武田勝頼との戦いで武功をあげた滝川一益も、領地よりも茶道具の下賜を切望したがかなわなかったという。

茶の湯が武士の嗜みの一つとして確立していくとともに、茶道具の下賜が恩賞としての効果を持つことが実証され、その後、秀吉や徳川将軍家にも受け継がれてゆく。

Q15 何度も相撲大会を開催 信長は相撲が大好き？

イエズス会宣教師ルイス・フロイスの『日本史』によると、信長は相撲見物を好んだという。『信長公記』には10回もの相撲大会を開催したことが記録されている。信長は京都や近江から多くの相撲自慢たちを安土城に集め、相撲を取らせた。勝者には太刀や脇差、裃などの褒美を与えており、米100石や屋敷まで与えられた者もいたようだ。

この大盤振る舞いが多くの相撲取りを集めることになり、天正6年（1578）8月の相撲大会には1500人もの参戦者がいたという。優勝者には褒美として弓を与えていたこともあり、これは今でも目にする結びの取り組み後の弓取りにつながっているといわれている。また中には信長に召し抱えられた者もいて、これは江戸時代の抱え力士制度の先駆けとされる。信長が相撲の歴史を変えたともいわれるゆえんだ。信長は、体力の優れた者を発掘して家臣団に組み込み、戦力の拡充と底上げを図ったともいえる。本能寺の変で討ち死にした伴正林《ともしょうりん》は、天正7年（1579）の大会で召し抱えた者だ。

Q16 信忠に家督を譲ったのは武田勝頼への備えとしてなのか？

『信長公記』によると、信長の嫡男・信忠が家督を継いだのは天正3年（1575）11月28日のことだ。信長は信忠への家督譲与を表明し、岐阜城や刀剣類などとともに、本国である尾張・美濃の支配権も譲っている。信長は茶の湯道具だけを持って重臣・佐久間信盛《さくまのぶもり》の屋敷に移り、安土城の築城に着手していくことになる。

天正3年5月には長篠の戦いで武田勝頼に勝利しており、同年信忠は武田方に渡っていた岩村城の奪還に成功し、秋田城介《あきたじょうのすけ》に任じられている。徳川家康の援軍なしに単独で攻略できたことが信長から高く評価され、家督相続のきっかけにもなったようだ。

家督相続とともに尾張と美濃を任された信忠は、東国の大名、とくに武田勝頼に対する押さえとして期待されていた。しかし、天正10年（1582）の甲州遠征までは武田に対して積極的に攻勢に出ることはなく、信忠は信貴山城《しぎさんじょう》の戦いや上月城《こうづきじょう》の戦いなど、織田軍の総大将として西国への出陣機会が増えていく。これは武田方の勢いが落ち、その脅威が

19歳で信長から家督を譲られた信忠。将来を嘱望されながらも本能寺の変で散る。その後、織田家は衰退していく（東京大学史料編纂所所蔵模写）

減少したことも意味している。

家督を譲ったといっても、信長はすべての権限を一気に譲与したわけではなかった。家臣や寺院などへの本領安堵や道普請の指示などの権限を、元亀年間頃から徐々に信忠に委譲しており、それは家督譲与以降も続いていた。

信忠も尾張・美濃の領主ではあったが、信長の指示を忠実に実行しており、信長の影響がまだまだ及んでいたことがわかる。そのため天正3年に信長が行った家督譲与の表明は、織田家中はもとより、朝廷や他の大名たちに信忠が後継者であることを周知させるために行われたものだと考えられる。

Q17
本能寺の変後に次男・信雄は信長の後継者たる宣言をした?

伊勢の北畠氏の猶子となっていた信長の次男・信雄《のぶかつ》は、本能寺の変の後、織田姓に復し、兄・信忠の遺領を引き継いで清須城に入った。信雄はこの頃「威加海内《いをかいだいにくわう》」の印章を使いはじめている。これは信長の「天下布武」の印章の形態や模様を類似させたものであり、天下人・信長の地位を継承して天下統一を目指すことを宣言したものだった。

羽柴秀吉と対立することになった信雄は徳川家康と盟約を結び、天正12年(1584)、小牧・長久手の戦いでは局地戦で勝利するものの、信雄は秀吉と和睦することになる。秀吉の小田原攻めの後、尾張からの転封を命じられるがそれを拒み、下野国・烏山の佐竹氏に預かりの身となって、出家して常真と名乗った。その後秀吉に召喚され、相伴衆《しょうばんしゅう》となり大坂に移り住んだ。大坂の陣では秀頼の召喚に応じず、京都に移る。江戸時代には幕府から大和国と上野国に計5万石を与えられるがそれを4男・信良《のぶよし》に譲り、自身は京都に残って再び大名の地位に戻ることなく、寛永《かんえい》7年(1630)に没した。

Q18 3男・信孝と異母兄・信雄との待遇に差はあったのか？

信長の3男・信孝《のぶたか》は、次男・信雄と同い年の異母兄弟だ。信孝の方が20日ほど早く生まれたが3男とされたのは、信長への届け出が遅かったからとも、生母・坂《ばん》氏が身分の低い家の出であったからともいわれている。しかし信孝は信長の子として大切に育てられたようで、しっかりした教育を受けており、文武の達人で、歌道を好んだという評価もある。

永禄11年（1568）、信孝は伊勢国の神戸《かんべ》具盛《とももり》の養子となる。次兄の信雄はその翌年に同じく伊勢の北畠氏の養子になっている。元服後は信雄とともに信長や信忠の指揮下に入って各地を転戦、長島や越前の一向一揆攻めや紀伊雑賀攻めなどに参戦している。

天正5年（1577）に従五位下侍従に叙任され、朝廷からも信長の子として認められていたが、次兄・信雄が従四位下左中将に叙任されていたことに比べるとかなりの差があったことは否めない。しかし天正9年、信長は安土城で信忠、信雄、信孝に脇差を与えており、年長の息子の一人として他の弟たちよりも優遇していたことがうかがえる。

Q19 子だくさんだった信長には隠し子もいたのだろうか？

信長には男女あわせて20人以上の子どもがいたとされる。すべて側室の子であるが、母親の名前が不明な子も多い。信長は身近にいる侍女や町などで出会った女性とも関係を持ったとされ、そのため隠し子がいたのではないかともいわれている。

家臣・塙直政《ばんなおまさ》の妹・直子との間にもうけたとされる信正《のぶまさ》は『系図纂要』や『好古類纂《こうこるいさん》系図部類』などに登場するのみで一次史料にも記録がなく、存在そのものが疑問視されている子だ。元服後は帯刀重勝《たてわきしげかつ》と名乗り、94歳で没したとされる。家臣・森可成《もりよしなり》の長女との間にもうけたとされる直勝は生駒姓を名乗り、豊臣秀吉や加藤嘉明《よしあき》、前田利長《としなが》などに仕え、51歳で没した。実在の人物だが、信長の実子であるかどうかは不明。

侍女・中条との間に生まれた乙殿は、中条が信長の命で懐妊したまま家臣・埴原常安《はいばらつねやす》に嫁いだため、常安の子として育った。その他、足利義昭に嫁いだ虎福女や北条氏直《うじなお》に嫁がせようとした娘もいたという。

Q20 信長はなぜ自分の娘たちに政略結婚をさせなかったのか？

戦国時代、敵対勢力との和睦などの目的で政略結婚は一般的に行われていた。多くの大名が娘や姉妹、母などを「人質」として嫁がせている。しかし信長はなぜか自分の娘たちには政略結婚をさせなかったといわれている。

信長には実の娘が10人前後いたとされる。その多くは敵対する大名家ではなく、同盟関係の大名や家臣などに嫁いでいるのだ。長女・徳姫（五徳）が松平元康の嫡男・信康に嫁いだ他、前田利家の嫡男・利長、丹羽長秀の嫡男・長重《ながしげ》、蒲生氏郷《がもううじさと》、筒井定次《つついさだつぐ》、水野忠胤《みずのただたね》など、ほとんどは同盟先や家臣、親交のある武将の嫡男である。これは人質としてではなく、同盟関係や主従関係の強化のためであり、その意味で政略結婚ではない。実の娘は親交のある相手、つまり信頼できるところに嫁がせたかったからだとも考えられる。また信長には養女も複数いたが、そのうちの一人、姪にあたる龍勝院《りゅうしょういん》を武田勝頼に嫁がせている。これは明らかな政略結婚であった。

織田の庶流が津田姓を名乗った理由

織田家のうち、嫡流に属さない庶流の者は織田姓ではなく津田姓を名乗っていた。徳川家康の子孫が江戸時代、将軍家・御三家・御三卿の当主と次期当主以外が松平姓を名乗っていたことと似ている。

織田姓と津田姓の使い分けの厳密な基準はわかっていない。織田家の祖先は、近江国・津田郷に逃れ、現地の豪族に養育された平資盛の落胤・親真といわれており、津田姓はこれに由来するとも考えられる。現在でも滋賀県近江八幡市南津田町は信長のルーツであるとされる。

織田信長の子息のうち他家の養子になった者以外は原則織田姓を名乗ったが、信長の甥は原則、津田姓を名乗っている。信長の弟・信勝の子、信澄《のぶずみ》は『信長公記』によると、はじめは津田姓で登場するが、天正7年（1579）以降、織田姓となっている。

信勝が信長に謀殺された後、信澄は信長の命により柴田勝家のもとで養育された。妻は明智光秀の娘とされる。『寛政重修諸家譜』によると永禄7年（1564）に元服し、津田姓を名乗った。天正3年（1575）の越前一向一揆征伐が初陣とされ、近江国の大溝城の城主を務めている。本能寺の変勃発時は織田信孝とともに四国渡海のため大坂に駐留していた。信澄は光秀の娘婿であったため、信孝や丹羽長秀が信澄を襲撃。討ち死にした信澄の首は堺で晒されたという。子孫は江戸時代、旗本として存続した。ルイス・フロイス『日本史』によると信澄は異常なほど残酷で、暴君であったとも伝えられている。

2章

信長の合戦と戦術をめぐる謎

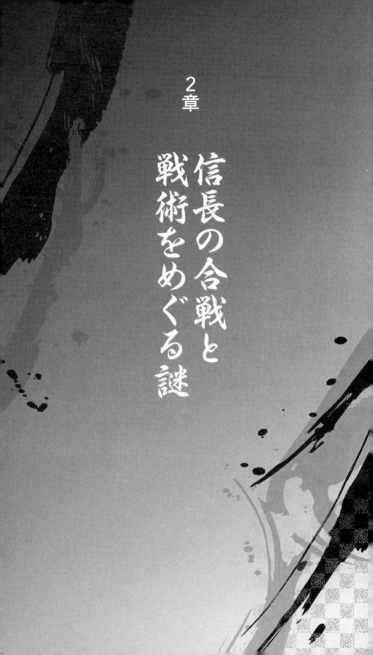

Q21 記念すべき信長の初陣はいつ、どこで行われたのか？

初陣は武士の子が初めて実戦に臨むことで武者始《むしゃはじめ》ともいう。単に初めての戦いというだけではなく、一人前の武将になるための通過儀礼の要素が強かった。そのため武将たちは、命の危険が少なく勝利する可能性の高い合戦を選び、美しい甲冑を着せて送り出した。元服式をあげる13～15歳からほど遠くない時期に行うことが多かったようだ。

では、記念すべき信長の初陣はいつ、どこで行われたのだろうか。『信長公記』によると元服の翌年の天文《てんぶん》16年（１５４７）、平手政秀《ひらてまさひで》を後見役として14歳で初陣を遂げている。紅の筋が入った頭巾、馬乗り羽織、馬鎧《うまよろい》（敵の馬を威嚇するため馬に付けた鎧）といういでたちで出陣した信長は、今川軍が駐屯する三河西部の吉良《きら》（西尾市）・大浜《おおはま》（碧南《へきなん》市）を攻めて各所を放火。その日は野営し翌日、那古野《なごや》に帰陣した。大浜に近い安祥城《あんしょうじょう》はすでに信秀の手中にあり、同郡刈谷《かりや》の水野氏も友好関係にあるなど、織田方に有利な条件がそろっていた。信長は見事に初陣を勝利で飾り、武将としての第一歩を踏み出したのである。

Q22 織田軍の高い機動力を可能にした秘訣とは何か？

『信長公記』には「信長懸《か》けまはし御覧《ごらん》じ」という表現がたびたび現れる。自ら馬で戦場を視察して戦術を練り、兵を率いて敵陣に切り込むなど、自身が先頭に立って兵の士気を鼓舞した点に、信長と他の戦国大名との大きな違いがあった。天正《てんしょう》元年（1573）、浅《あざ》井《い》長政《ながまさ》の家臣が織田方に寝返ると、信長は暴風雨の中、自ら兵を率いて朝倉軍の陣所を攻略した。天正4年の石山本願寺との天王寺の戦いでも、自軍の敗戦を知ると浴衣のまま駆け出して先手の足軽とともに戦い負傷した。こうした迅速な用兵を可能にしたのが、親衛隊である小姓衆・馬廻衆《うままわりしゅう》である。信長は尾張統一前から700〜800騎の精強な馬廻りを揃えていたため、柴田勝家《しばたかついえ》ら宿老の多くが離反した、弘治《こうじ》2年（1556）の稲生《いのう》の戦いにも勝利できた。その後も、信長は馬廻衆を重視して城下への集住を義務づけ、いつでも出撃できる態勢を整えた。高い戦闘能力と機動性を維持することで、信長は宿老クラスの大名の到着を待たずに出陣し、好機をものにすることができたのである。

Q23 今川義元の尾張侵攻は上洛が目的ではなかった？

桶狭間の戦いは永禄《えいろく》3年（1560）5月、尾張をほぼ統一した信長が〝海道一の弓取り〟といわれた今川義元を撃破した戦いである。今川軍2万5千に対して織田軍はわずか2千という圧倒的な戦力差をくつがえしての劇的勝利であった。

義元はなぜこの時期に尾張に侵攻したのだろうか。定説では、念願だった上洛を果たし天下に号令することにあるといわれてきた。典拠は小瀬甫庵《おぜほあん》が書いた『信長記』の「今川義元は天下を切て上り、国家の邪路を正んとて」という記述である。この説は後の『松平記』『改正三河後風土記《かいせいみかわごふどき》』などに受け継がれ、旧参謀本部編纂の『日本戦史』に採用されたことで定着した。しかし、『信長記』の成立は合戦から50年も後の17世紀初頭である。また、『信長公記』や徳川家康の家臣・大久保彦左衛門忠教《ただたか》が書いた『三河物語』など、信頼性の高い書物にも記述がないことから、上洛説は甫庵の創作であるといわれている。歴史学者の小和田哲男《おわだてつお》氏は、著書『今川義元』の中で「上洛をめざすなら尾張の信長はともかくとしても、美濃の斎藤義龍《さいとうよしたつ》や南近江の六角承禎《ろっかくじょうてい》など、通過地点となる大名や、あるいは京都の公家たちになんらかの政治工作をしていたはず」と述べ、それがないのは義元が尾張以西は問題にしていなかったためとしている。

では、西進の目的は何だったのか。歴史研究家の藤本正行《ふじもとまさゆき》氏は『信長の戦争』で、三河との国境近くにある今川方の鳴海城《なるみじょう》・大高城《おおたかじょう》を封じるために信長が築いた付城《つけじろ》（砦）を排除するためだと指摘する。発端は織田信秀の死後、鳴海城主・山口教継《やまぐちのりつぐ》が今川方に寝返ったことにある。教継は大高城・沓掛城《くつかけじょう》を調略で奪い、義元は今川方の最前線となった大高・鳴海両城を守るため大量の守備兵を投入。対する信長は鳴海城に丹下《たんげ》・善照寺《ぜんしょうじ》・中島《なかじま》の3砦、大高城に鷲津《わしづ》・丸根《まるね》の2砦をつけて今川方との通交を封鎖した。藤本氏は、義元にとっての急務は両城への補給と付城の排除で、その過程で起こったのが桶狭間の戦いだったと指摘し「当時としてはごく平凡な、群雄間の境界争いの結果」と述べている。

この戦いでもう一つ興味深いのは、義元が塗輿《ぬりごし》で出陣してきた点である。従来、公家化した義元の軟弱ぶりを表すものとされてきたが、塗輿に乗ることは有力守護が将軍家から許された特権であった。近年は、今川氏の家格の高さを示すことで信長を威圧するねらいがあった、または上洛を前提として洛中での使用を想定していたとする説もある。

Q24 日本三大奇襲の一つ 桶狭間の戦いは奇襲ではなかった?

永禄3年5月18日夜、清須城の信長のもとに、今川軍が明朝、鷲津・丸根砦への攻撃を開始するだろうとの情報がもたらされた。しかし、信長は合戦の話はせず世間話に終始したので、武将たちは「運の末には知恵の鏡も曇るものだ」とあざ笑いながら帰ったという。しかし19日早朝、攻撃開始の報が届くと、信長は「人間五十年…」で有名な「敦盛《あつもり》」を舞うや、鎧を着て立ったまま食事をすまし、わずか5騎の小姓衆を連れて駆けだした。

両砦が陥落したのは信長が熱田神宮に着いたときだった。煙が上がるのを見た信長は、善照寺砦に入り約2千の軍勢を整えた後、中島砦に向かった。従来、信長はここから山中を迂回して太子ケ根《たいしがね》に至り、山上から谷底の桶狭間に布陣する義元本陣に奇襲をかけたとされてきた。しかし、この〝迂回奇襲説〟は小瀬甫庵の『信長記』の創作であったことが明らかにされている。『信長公記』によると、信長は小勢であることがばれるのも恐れずに敵の正面にある中島砦に入り、家臣の反対を押し切ってさらに前進した。つまり正面突破

桶狭間の戦い進軍ルート

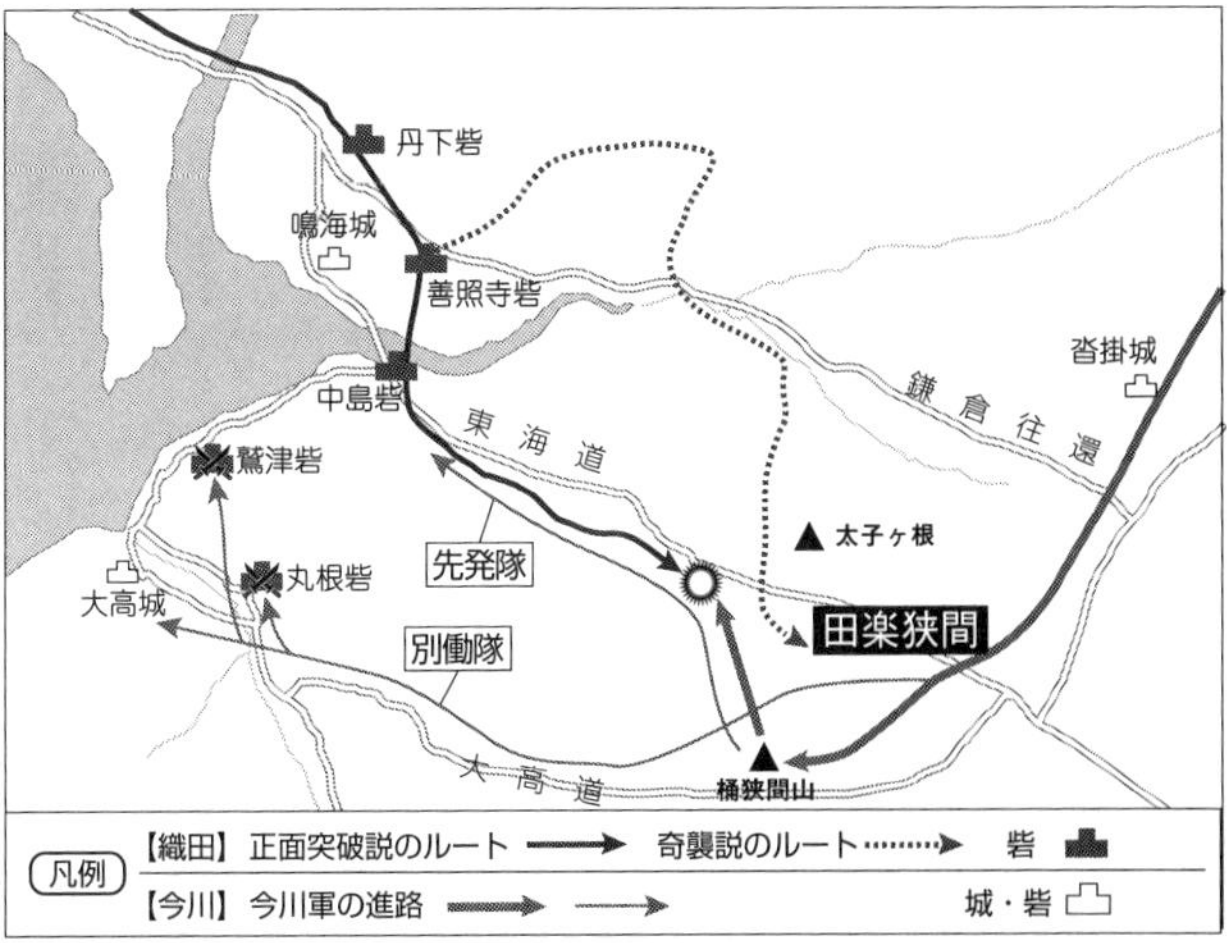

を選んだのである。信長のねらいは、今川軍に砦の攻撃を行わせ、疲れたところを精鋭部隊で打ち破るというものだった。ところがこれは信長の勘違いで、敵の攻撃部隊はすでに砦に入っており、目の前の敵は新手の義元本隊だった。

　そうとは知らない織田軍が義元本隊のある山際まで進んだところ、突如、東側にいる敵に向けて雹《ひょう》交じりの豪雨が降り注いだ。これが隠れ蓑となって義元本隊に肉薄した織田軍は、晴れたところで攻撃を開始。慌てて退却する今川軍を蹂躙し義元を討ち取った。様々な幸運が重なった結果だが、乾坤一擲の勝負をしかけた信長の気迫が勝った合戦であった。

Q 25 親子二代にわたる宿願 美濃攻略はどう成されたのか？

信長と美濃の斎藤氏との戦いは信長の妻の父・斎藤道三が、息子の義龍《よしたつ》に殺された弘治2年（1556）にはじまる。当時は尾張統一前で斎藤氏と戦う余力はなかったが、桶狭間の戦いの勝利と松平元康（徳川家康）との同盟により、全兵力を美濃平定に集中する条件が整った。永禄4年（1561）5月、斎藤義龍が急死し龍興《たつおき》が跡を継ぐと、信長はすぐに出兵して森部の戦いで勝利し、同6年には本拠を清須城から小牧山城に移した。通説では同9年、木下藤吉郎（豊臣秀吉）が、美濃攻略の拠点として、蜂須賀小六《はちすかころく》ら土豪の助力により短期間で墨俣《すのまた》一夜城を築城したとする。しかし、『信長公記』をはじめ確かな史料には記されておらず、後世の創作の可能性が高いとされる。

この間、信長はたびたび美濃を攻めたが決して主力決戦を挑まず、調略で斎藤方の城主を味方に付けていった。決定打となったのは西美濃三人衆の内通である。斎藤方の有力武将である稲葉一鉄《いなばいってつ》・氏家卜全《うじいえぼくぜん》・安藤守就《あんどうもりなり》が織田方に寝返ると、信長は彼らに人質を要求しな

『絵本太平記』に描かれた美濃攻めの様子。稲葉山城を占拠した後、居城として岐阜城と改名。そして有名な「天下布武」の印をもちいるようになる（国文学研究資料館蔵）

がらその到着を待つことなく出陣。城下町を放火して稲葉山城を包囲し、龍興を追って美濃を平定した。

『信長公記』には龍興が逃亡した年次が記されていないが、この事件は永禄10年とするのが定説となっている。一方、稲葉家を含む近世の家譜類や織田家臣の子孫が書いた『道《どう》家《け》祖《そ》看《かん》記《き》』など同7年とするものも少なくない。しかし永禄9年、斎藤氏の重臣が武田信玄に出した手紙に織田軍の敗北が記されており、同7年はまだ美濃攻略が道半ばであった。永禄7年は斎藤家の家臣・竹《たけ》中《なか》半《はん》兵《べ》衛《え》が謀略により一時、稲葉山城を乗っとった年であり、この事件と信長の美濃攻略を混同したものだろう。

Q26 反信長連合との激闘のはじまり 信長の妹婿・浅井長政はなぜ裏切った？

美濃平定直後の永禄10年（1567）、はじめて「天下布武」の印判を使い天下統一への意欲を示した信長は、翌年、越前一乗谷に隠れていた足利義昭《あしかがよしあき》を迎え上洛の途につく。6万ともいわれる織田軍は、南近江の六角承禎を戦わずして敗走させ、畿内に勢力を張る三好三人衆を破って京都を制圧。義昭を第15代将軍に就任させ、室町幕府を再興した。信長は義昭のために二条城を造営し、禁裏の修理を行うなど天皇・将軍の庇護者として振る舞ったが、真のねらいは天皇と将軍の権威を利用することにあった。元亀《げんき》元年（1570）1月、信長は諸国の大名に上洛を命じ、これを拒んだ越前の朝倉義景を討つため、4月、北陸に出陣した。信長が中央政権の実質的な長としてしかけた最初の戦略的遠征だった。

琵琶湖西岸を北進し敦賀に至った織田軍は、金ケ崎城《かねがさきじょう》を落として木ノ芽峠《きのめとうげ》を越えた。いよいよ朝倉氏の本拠一乗谷に攻め込もうとしたとき、北近江小谷城主・浅井長政が信長に背いたとの報告がもたらされる。信長と長政は同盟関係にあり、その証として信長の妹お市を嫁がせていた。はじめ信長は「虚説である」といって信じなかったというから、よほど想定外の事態だったのだろう。

なぜ、長政は謀反に走ったのだろうか。浅井家は祖父の代から朝倉家と好《よしみ》を通じており、長政の父・久政《ひさまさ》や家臣の多くは信長より朝倉義景との友好関係を重視したとされる。一説には長政が信長と同盟する際、朝倉家とは戦わない旨を約束したともいわれる。

信長が浅井と朝倉の同盟を軽視していたのは事実だろう。実際、信長は妹を嫁がせたうえ、北近江の支配を許したのだから裏切るはずはないと語っている。しかし本来、北近江は浅井氏が実力で切り取った土地なのである。長浜城歴史博物館館長の太田浩司《おおたひろし》氏は、長政は信長が自分を家臣のように扱いはじめていることに気づき、「信長との同盟を続ければ、その家臣団に包摂され、一大名としての自由が失われると判断した」と推測している。

撤退を決意した信長は馬廻衆を従え、浅井氏の勢力圏をさけてひたすら南へ向かった。このとき、後世「金ヶ崎の退き口」と呼ばれる激しい撤退戦を演じたことはよく知られている。2日後、信長が京都に帰り着いたとき、供の者はわずか10人ほどだったという。

長政の離反は、本能寺の変まで何度も繰り返される謀反の最初のものであり、以後10年以上にわたって断続的に続く反信長連合との激闘のはじまりでもあった。

Q27 浅井・朝倉連合軍との激突 姉川の戦いは長政の奇襲ではじまった？

浅井長政が背いた元亀元年（1570）からの4年間は、「元亀争乱」と呼ばれ信長が最も苦戦を強いられた時期だった。その最初の大規模な合戦となったのが姉川の戦いである。元亀元年6月、信長は近江国衆が織田方に寝返ったのを機に、浅井長政を討つべく江北に出陣する。織田軍は抵抗を受けることなく近江に入ったが小谷城が容易に落ちないとみて、徳川家康の援軍とともに南方の横山城を包囲した。一方、長政は朝倉軍と合流して織田軍を追跡。大依山《おおよりやま》に布陣した後、27日夜、夜陰に紛れて下山した。信長はこの動きを敵が撤退したものと考えたが、28日未明に突如、浅井・朝倉軍が織田軍から30町ほど隔てた場所に進出してきた。信長も急遽布陣を整え、姉川を挟んで敵と対峙し、両軍は激突する。

兵力は諸説あるが、織田方2万に対して浅井方は1万4千ほどと織田方が有利であった。戦いは浅井軍の攻撃で幕を開け、両軍は「推《お》っ返しつ散々に入り乱れ」て戦ったと『信長公記』は記す。結果は織田方が圧勝し、浅井・朝倉軍の死者は9千人を超えたという。し

姉川の戦いで最も激戦となった野村橋付近。この川をはさんで両軍が対峙した。戦いの死傷者で姉川は血で真っ赤に染まったといわれ、血原、血川橋という地名が付近に残る

かし、敵に壊滅的な損害を与えるには至らず、浅井・朝倉連合との戦いは以後4年にわたって続くことになる。

　この戦いにおける最大の謎は、劣勢の長政がなぜ先に攻撃をはじめたのかという点だ。横山城が落ちれば北国脇往還道の通行が遮断され小谷城は孤立する。何より一度信長を裏切った以上、相手を倒すより他に生きる道はないという切迫感があったと指摘されている。なお、この戦いで織田・徳川軍は13段からなる「雁《がん》行《こう》の縦深陣」を構えたとされる。旧参謀本部編『日本戦史』に紹介され広まったが、これは戦闘開始の順番を陣形の序列と混同した誤りであるといわれている。

Q28

信長による悪逆非道の代表例 比叡山焼き討ちの立役者は明智光秀？

元亀元年（1570）9月、浅井・朝倉連合軍が琵琶湖西岸を南下してきた。宇佐山城《うさやまじょう》にいた信長の弟・信治《のぶはる》、森可成《もりよしなり》らは敵の進軍を食い止めるため野戦を敢行し討ち死にする。これを知った信長は石山本願寺との戦いを切り上げて駆け付けたが、浅井・朝倉勢は決戦を避けて比叡山に登り峰々に陣を張った。信長は麓に陣を敷き、以後両軍のにらみ合いは3か月続く。この間、朝倉勢が一向宗門徒とともに決起した堅田《かただ》の戦いなど小競り合いはあったものの決戦の機会は訪れず、信長は和睦を余儀なくされた。

志賀《しが》の陣と呼ばれる一連の抗争は、上洛後、信長を最も苦しめた戦いの一つだった。それだけに、信長は和睦後も虎視眈々と復讐の機会をねらっていた。翌年9月、織田軍は延暦寺の門前町である坂本に乱入。民家を焼き払った後、比叡山を登って火を放ち、老若男女・僧俗を問わず殺戮の限りを尽くした。死者は少なくとも1千人を超えたといわれ、根本中堂をはじめとする伝統ある伽藍《がらん》が灰燼に帰した。

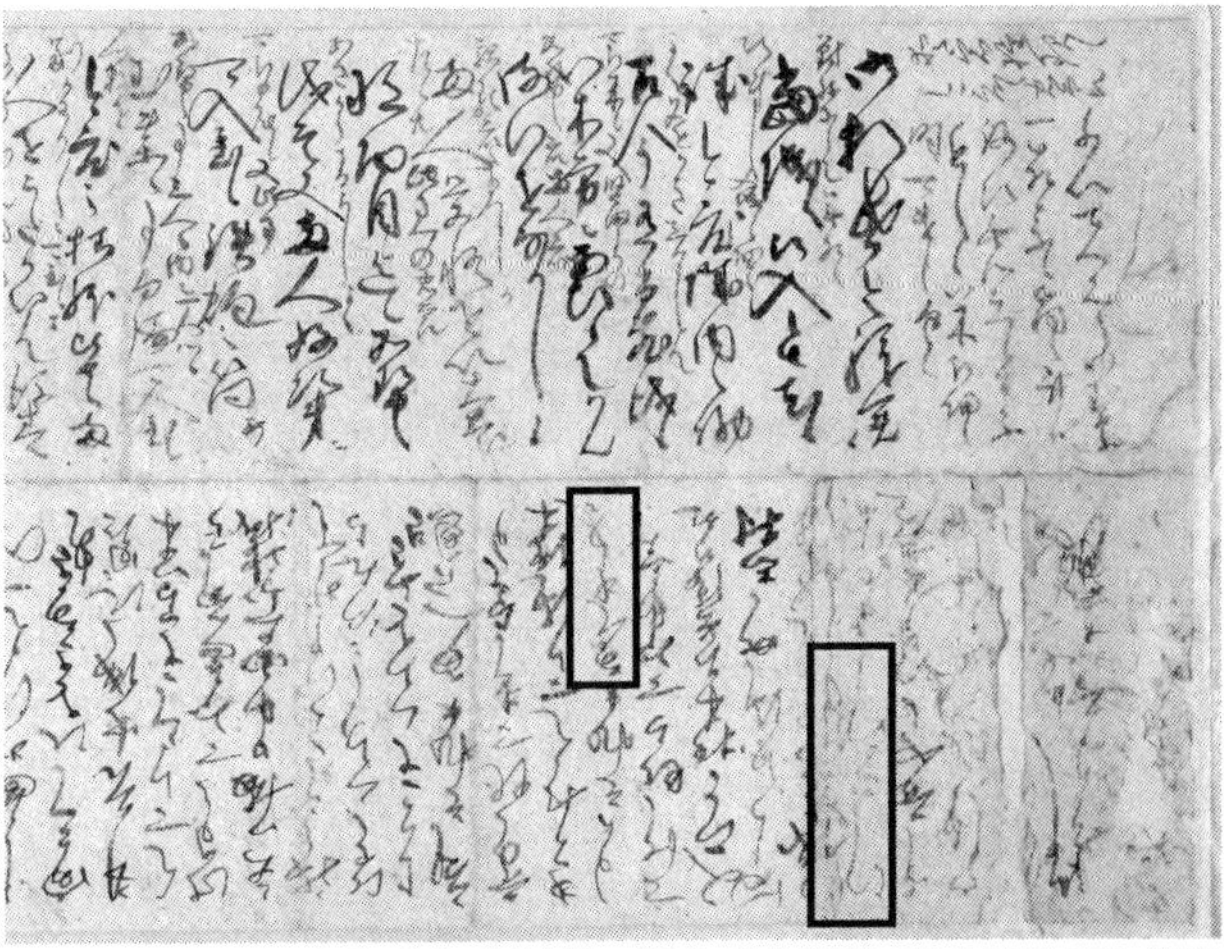

比叡山焼き討ち直前の光秀の書状。敵方を「なでぎり」し、信長様が敵の拠点を「ひしころし（干殺し）」にしたと記す（個人蔵／大津市歴史博物館提供）

焼き討ちを行うにあたり、家臣の多くが信長を諌めたとされる。中でも明智光秀は『天台座主記《てんだいざすき》』に「光秀縷々《るる》諌《いさめ》を上《たてまつ》りて云う」とある通り、信長を翻意させようとしたと考えられてきた。しかし、近年発見された文書によって、光秀は遅くとも焼き討ちの10日前に近在の土豪に織田軍への協力を呼びかけていたことがわかっている。その書状には、大津の仰木を攻めて「なでぎり」（皆殺し）にせよという命令が記されており、光秀自身が焼き討ちの中心人物であったことが明らかになったのである。事実、光秀は恩賞として志賀郡を得て坂本城を築いた他、延暦寺の旧領も与えられている。

Q29

武田信玄と三方ヶ原での一戦 信長は家康を助ける気がなかった？

信長と武田信玄の関係は、永禄8年（1565）に信長の養女（龍勝院《りゅうしょういん》）と信玄4男の勝頼《かつより》が結婚して以来、表面上は友好的であった。しかし、足利義昭をはじめ石山本願寺や松永久秀《まつながひさひで》など畿内の反信長勢力が決起すると態度を変え、元亀3年（1572）10月、大軍とともに西上を開始する。一般に信玄の目的は上洛であったといわれるが、一気に京を目指したのかはわからない。途中の尾張・美濃は織田方の本拠地であり、兵站線がのび切った状態で近江まで進軍するのは困難である。まずは遠江・三河を確保し、機会をみて信長と一戦を交える思惑だったともいわれている。

武田軍は信濃を南下して遠江に入り徳川方の拠点・二俣城《ふたまたじょう》を目指した。家康は浜松城を出てこれを迎え撃ったが一言坂《ひとことざか》の戦いで敗れ、本多忠勝の殿軍によりかろうじて逃れた。武田軍は難なく二俣城を落とすと、天竜川を渡って浜松に近づいた。この動きに対し、信長は佐久間信盛《さくまのぶもり》と平手汎秀《ひらてひろひで》、水野信元《みずののぶもと》を救援に向かわせた。しかし、その兵力はわずか3千にすぎず、徳川軍と合わせても1万余と武田軍の半分にも満たなかった。佐久間と平手は織田家の重臣、信元は東海地方を代表する大名であり、彼らの手勢はいかにも少ない。信長は桶狭間の戦いの後は、敵を圧倒的に上回る兵力で合戦に臨むのが常であった。その信長がかくも貧弱な救援部隊をよこしたのはなぜか。歴史学者の谷口克広《たにぐちかつひろ》氏は、信長は決戦に備えて尾張・美濃方面に大量の兵を残していたといい「家康が信玄を相手に全力を尽くして戦うか、監視する必要性から派遣した援軍だったのではなかろうか」と推測している。

家康は籠城戦を覚悟したが、武田軍は浜松城を素通りして三方ヶ原へ軍を進めた。織田勢とともに城を出た徳川軍は、武田軍が台地を抜けて下り坂に差しかかったのを見計らい背後から攻撃をかけた。しかし、武田軍の反撃を受けて総崩れとなり、家康は命からがら浜松城に逃げ帰った。

この戦いには、かつて信長の小姓で、刃傷事件を起こして出奔した加藤弥三郎《かとうやさぶろう》の一党も参加していた。織田勢とともに出撃した加藤らは先頭に立って奮戦し、平手汎秀とともに討ち死にを遂げる。功名をあげて信長を喜ばせ、織田家に帰参する夢は絶たれたのである。

家康を破った武田軍は、三河に侵入し野田城を落としたが信玄の病により退却。その途中の信濃駒場《こまば》で信玄は亡くなり、信長は最大の危機を乗り越えたのである。

Q30 なぜ、信長は長島で一向一揆勢を殲滅したのか？

伊勢長島の一向一揆が蜂起したのは、信長が志賀の陣で浅井・朝倉勢と対峙していた元亀元年（1570）11月のことである。長島は木曽川・長良川・揖斐川《いびがわ》の合流点にある中州で、本願寺派の願証寺《がんしょうじ》が尾張・美濃・伊勢の門徒を統括していた。信長が近江にくぎ付けになっている状況を見た願証寺は織田方の小木江城《こきえじょう》を攻略し、城将である信長の弟・信《のぶ》興《おき》を自害させた。翌年5月、信長は5万余の大軍で長島に向かったが、川に囲まれた要害を落とすことはできず大敗。天正元年（1573）9月、浅井・朝倉氏を滅ぼすと、再び出兵したが渡河のための船が調達できず、またしても多くの犠牲を出して撤退した。

必勝を期して3度目の出兵を試みたのは翌年7月である。信長は7万の軍を三手に分けて長島を攻撃し、滝川一益《たきがわかずます》・九鬼嘉隆《くきよしたか》らの水軍で中州を取り囲み一揆勢を圧迫した。やがて3万の門徒が3か所の城塞に逃げ込むと、信長は兵糧攻めに切り替え、2か月半にわたり城を包囲する。人口過密な城内では餓死者が続出し、長島側は門徒の助命を条件に開城を

第３次長島一向一揆攻め

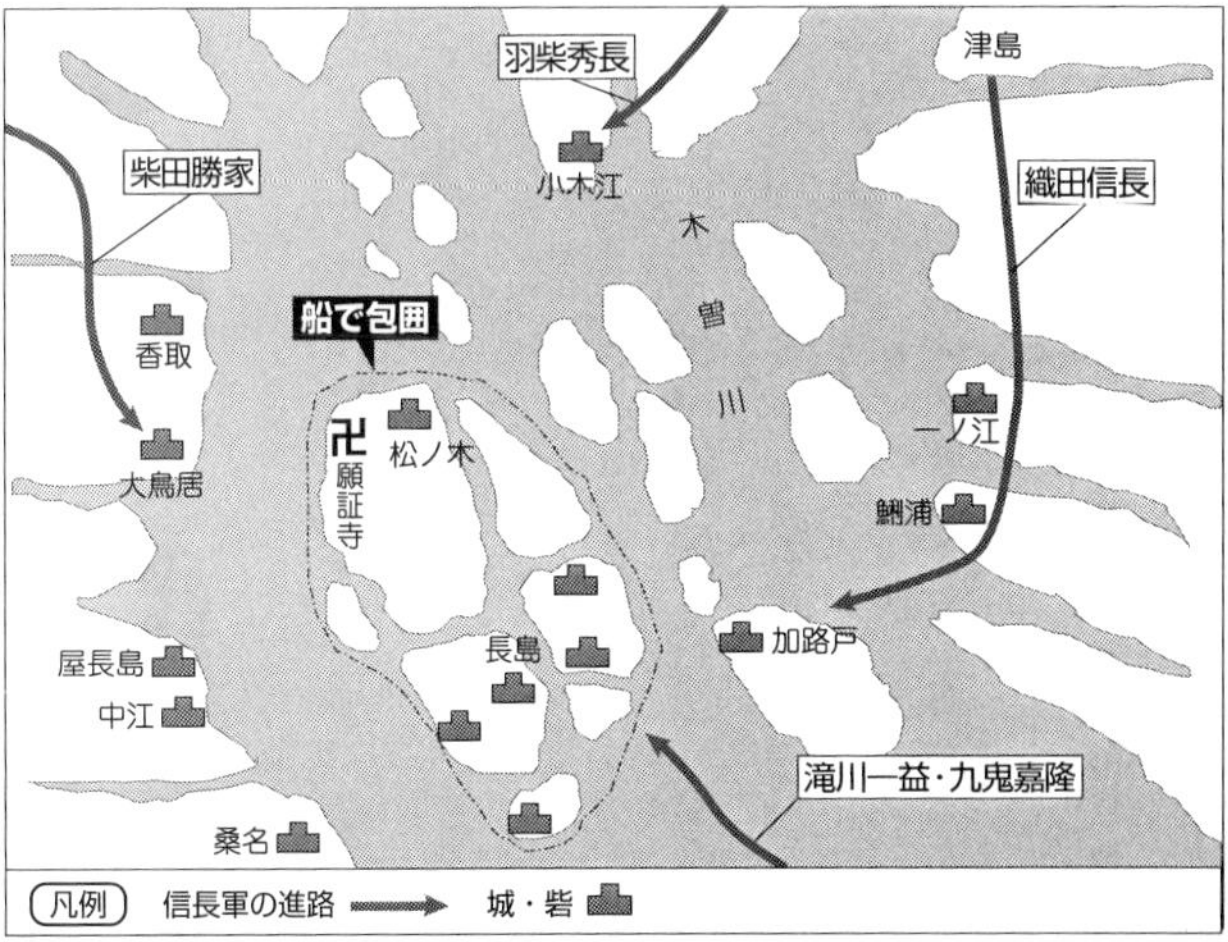

申し出た。信長はこれを了承したが、やせおとろえた門徒たちが船で城を出るや一斉に発砲し次々と切り伏せた。門徒が死に物狂いで反撃してくると、織田軍は砦を柵で囲み２万人を焼き殺した。

信長は武士に対しては調略で寝返りを促し、合戦でも投降を求めるのが常であった。あからさまなだまし討ちで敵を殲滅したのは、相手が門徒であったためだろう。天下布武を掲げ武家を頂点とする権力を築こうとした信長にとって、信仰で結び付いた集団は原理的に相いれない。共存できないと判断したときは、比叡山焼き討ちのように、徹底的に弾圧を加え武家の優位を示したのである。

Q31 長篠の戦いにおける軍事革命「鉄砲の三段撃ち」はなかった？

信玄の死後、跡を継いだ武田勝頼は積極的に美濃・遠江への進出を図り、織田・徳川連合を圧迫した。天正2年（1574）、勝頼は明智城を調略により奪い、遠江随一の堅城である高天神城《たかてんじんじょう》を攻略。翌年4月には奥三河に進出し、1万5千の大軍で徳川方の長篠城を囲んだ。急報を受けた信長は家康とともに3万の大軍を率いて長篠城西方の設楽郷《したらごう》に布陣した。武田軍が長篠城の包囲を解いて織田・徳川軍に対峙すると、信長は武田軍が長篠城の付城として築いた鳶ノ巣山砦《とびのすやまとりで》を奇襲させ武田軍の背後をおさえた。退路を断たれた武田軍は織田陣営に殺到したが、織田軍から放たれる大量の鉄砲によって次々と倒され大敗を喫した。信長は最大の難敵である武田軍を破り、天下統一を大きく前進させる。

従来、この戦いは信長が編み出した「三段撃ち」の新戦法によって勝利したといわれてきた。弾丸の装填から射撃まで時間のかかる火縄銃の弱点を補うため、3千挺の鉄砲を3列に並べて交替で撃つことで、連続射撃を可能にしたというものだ。

設楽原に復元された馬防柵。当時の設楽原には太い木がないので、馬防柵の丸太は、信長が岐阜からはるばる運ばせたという

しかし、3千挺の鉄砲を交互に射撃するのは物理的に難しく無駄弾も多くなるため、近年は物語上の創作であるとするのが一般的となった。これに対して、三段撃ちに新解釈を与えたのが歴史学者の平山優《ひらやまゆう》氏である。

氏によると、段は備え（部隊）を示す言葉で、三段撃ちは鉄砲隊を三つに分けて別々に配置したと解釈すべきであるという。また、朝鮮出兵の際に日本軍が銃隊を3列に並べて交互に射撃する輪番《りんばん》射撃を行ったという明の史料と、『長篠合戦図屏風』で織田軍の銃隊が2列に描かれている点から、長篠においても輪番射撃が行われた可能性を指摘している。

Q 32 長篠の戦いでの武田軍の突撃は本当に無謀な戦術だったのか？

長篠の戦いで武田軍が大敗した要因の一つとして、勝頼が無謀な突撃を繰り返したという見方がある。大量の鉄砲を装備し馬防柵をめぐらした織田・徳川軍に対し、武田軍が果敢に突撃を繰り返したことが被害を拡大させたのは事実だが、はたして無謀な戦術だったのだろうか。この時代、鉄砲隊の攻撃を封じるため速攻をかける戦法は各地でみられた。現に織田軍は大量の鉄砲を装備した雑賀衆に突撃し大敗している。射撃に時間がかかる当時の鉄砲の性能をふまえると合理的な戦い方であり、勝頼の戦術はむしろ正攻法であった。

武田軍に問題があるとすれば、兵数をはるかに上回る敵に真正面から野戦をしかけたことだろう。これは信長が武田軍をおびき寄せるために、設楽郷のくぼ地に布陣し兵数を少なく見せかけたためとされる。勝頼は織田軍が設楽郷で動きを止めたのを「手だてを失って逼塞《ひっそく》している」ととらえ、長篠城から反転して織田軍に向かっていったのだ。敵の心理まで見通した信長の戦術が見事にはまった戦いだったといえよう。

Q33 長篠での鉄砲による集中攻撃を進言したのは明智光秀だった？

長篠の戦いに明智光秀は参加していたのだろうか。じつは良質の史料に光秀についての記述がないことから、参加していなかったとされている。事実、合戦の3日後、吉田兼見《よしだかねみ》は信長が光秀に戦勝を報じた書状を見ている。光秀が合戦に参加していれば、わざわざ手紙で知らせる必要はないだろう。また、信長が岐阜城を出陣した翌々日の5月15日、光秀は上洛した島津家久《しまづいえひさ》を坂本城に迎えて酒宴を行っている。その折、座興として琵琶湖の漁猟の様子を家久に見せたが、自身は信長が遠征中であることをはばかり参加していない。

ただし、光秀が戦術の立案にかかわっていたとする説もある。兼見に見せた書状が感状《かんじょう》の形式であることから、計画を立案した光秀の功を賞したものではないかというのだ。細《ほそ》川藤孝《かわふじたか》や筒井順慶《つついじゅんけい》が鉄砲の調達に奔走したことは事実で、この両名が光秀と公私にわたる親密な関係を築いていたことはよく知られている。鉄砲術に秀でていたといわれる光秀が、信長に鉄砲の大量使用を進言し、細川・筒井に手配を行わせた可能性は否定できない。

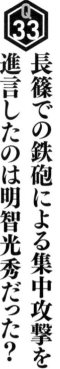

Q34 石山本願寺との泥沼の抗争はなぜ10年以上も続いたのか？

信長が上洛した当初、石山本願寺は信長に馬や太刀を送り、織田軍に矢銭《やせん》（軍資金）を拠出するなど表面上は友好を保っていた。しかし、元亀元年（1570）9月、信長が三好三人衆を討つために摂津に遠征したのを機に信長に背き、以後、足かけ11年にわたって泥沼の抗争を繰り広げる。

当初、石山本願寺は将軍・足利義昭や武田信玄、浅井・朝倉氏らと信長包囲網を形成して信長と対抗した。信玄が亡くなり、義昭が信長に追放された後も中国の毛利氏や紀伊の雑賀衆と提携して織田軍の攻撃を防いだ。天正4年（1576）の天王寺《てんのうじ》の戦いでは、織田軍は勝利したものの多くの戦死者を出し、信長自身も敵の鉄砲で足を負傷している。

本願寺との戦いが長引いた理由の一つは、本願寺法主《ほっす》の顕如光佐《けんにょこうさ》が信長に屈服しなかったためだ。石山本願寺のある大坂は、『信長公記』が「日本一の境地」と記すように、四方に河川が取り巻き、諸国の船が往来する、天然の要害にして交通の要地であった。信長は早くから石山本願寺の地に目を付け、顕如に立ち退きを命じていた。真宗中興の祖である蓮如によって創建されて以来、70余年、法灯《ほうとう》を伝えてきた石山本願寺を守るため、顕如は反信長の姿勢を貫く他なかったのだ。

信長を苦しめた最大の要因は石山本願寺の防衛力である。石山本願寺は淀川や大和川の合流点を見下ろす上町台地の北端に築かれ、寺院でありながら〝摂州第一の名城〟と呼ばれる要害であった。その中に数万の門徒が籠城し、4～5千挺もの鉄砲を装備していた。また、大坂湾に面する海岸線にも多くの砦を構えて海上通路を確保しており、毛利氏など遠隔地の大名との連絡も可能であった。雑賀・毛利の船が大坂湾から兵糧や軍需物資を補給したことも、戦いを長期化させる要因となった。

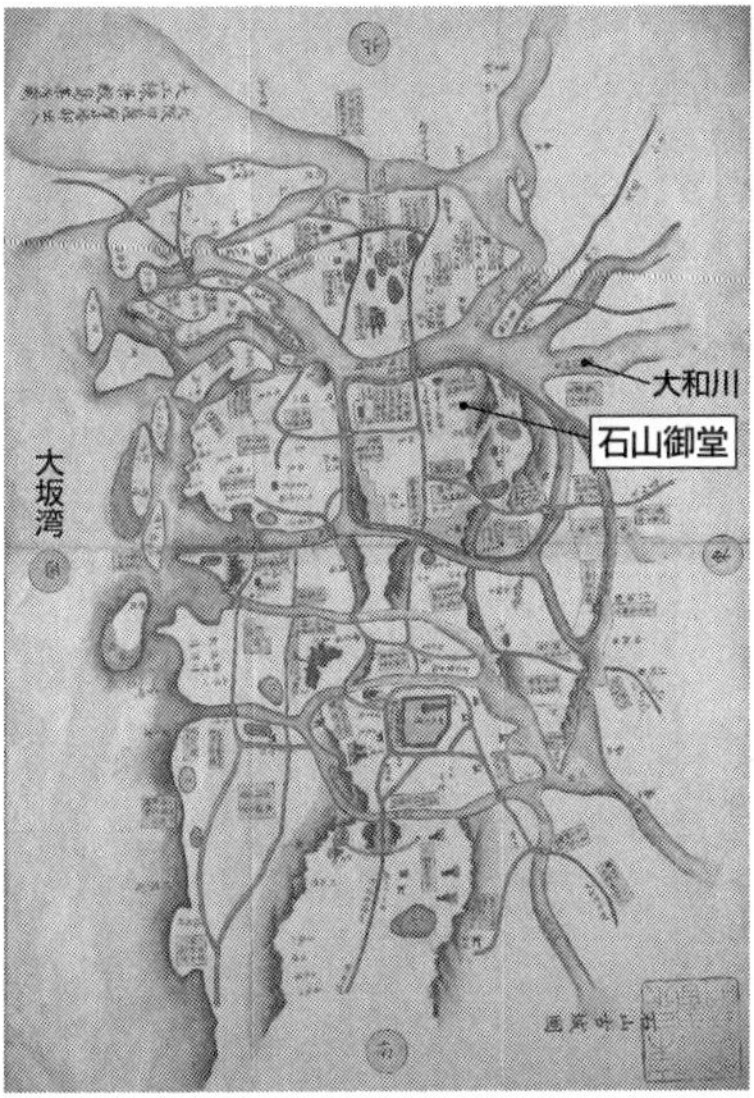

『石山古城図』の写し。水運・陸運の交わる要衝に築かれていた石山本願寺。跡地には豊臣秀吉が大坂城を築いた

Q35 村上水軍を破った「鉄甲船」は大発明だったのか?

天王寺の戦いの後、信長は石山本願寺の周囲に10か所の付城を築き、佐久間信盛を主将として本格的に本願寺包囲網をしいた。その直後、毛利方の村上水軍が本願寺への補給のため大坂湾に現れる。織田方の和泉水軍が迎え討ったが、村上水軍の巧みな操船技術と焙《ほう》烙《ろく》火《び》矢《や》(火薬を使った焼夷弾)により惨敗する(第1次木津川口の戦い)。

信長は毛利の水軍を撃退するために、滝川一益と志摩水軍の将・九鬼嘉隆に大船を建造させた。完成した軍艦は敵の鉄砲や焙烙火矢を防ぐために、船体に鉄板を装備し、数門の大砲も備えていたという。多《た》聞《もん》院《いん》英《えい》俊《しゅん》の日記に「鉄の船なり」、宣教師の書簡に「大砲三門を載せたる」などと記されており、類を見ない特殊な軍艦であったことは事実のようだ。この船は今日「鉄甲船」と呼ばれ、信長の革新性を示す発明とされている。

ただし鉄の装甲を装備した点を大発明として特筆している史料はなく、アイデア自体は驚くべきものではなかったようだ。焙烙火矢を完全に防ぐには、甲板まですべて鉄で覆わね

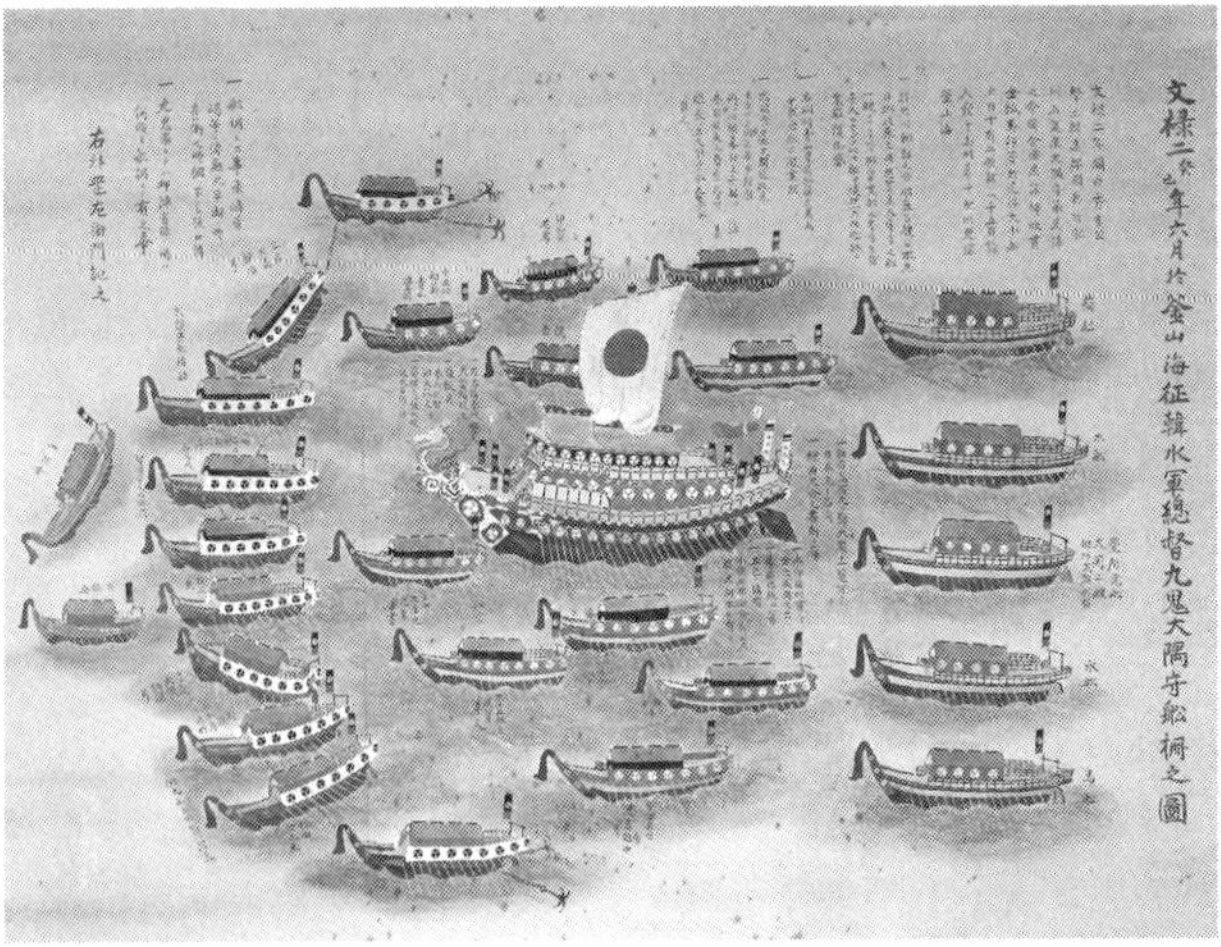

『九鬼大隅守船柵之図』に描かれた九鬼水軍。朝鮮出兵の際の姿で、真ん中の大きな船が日本丸という安宅船である（大阪城天守閣蔵）

ばならないが、当時の造船・操船技術の水準では不可能ともいわれ、船体の一部に弾丸を防ぐための鉄板を貼った程度であったと推測されている。また、鉄甲船の目的はあくまで予定の水域を通る補給部隊の阻止にあった点も見逃せない。外洋の航行や機動力を使った海戦を想定する必要がないため、補給の妨害という目的に特化した重装備が可能であった。

天正6年11月、九鬼水軍は鉄甲船を駆使して村上水軍を撃破し、信長は大坂湾の制海権を確保する（第2次木津川口の戦い）。補給路を断たれた石山本願寺は織田軍の包囲に耐えられず、同8年8月に開城。本願寺合戦は幕を閉じた。

織田信長ミステリー

「岐阜」の命名者は信長ではない？

永禄10年（1567）、斎藤龍興を追い美濃を平定した信長は、井ノ口《いのくち》と呼ばれていた町名を岐阜に、稲葉山城を岐阜城に改めた。信長の学問の師で、平手政秀の菩提寺政秀寺《せいしゅうじ》の住職でもある禅僧・沢彦宗恩《たくげんそうおん》が、中国周の文王《ぶんおう》が岐山《きざん》から起こり天下を取ったという故事を引いて信長にすすめたという。

こうした経緯から、岐阜は信長の命名のように考えられがちだが、実際は古くからある地名だった。岐阜の瑞龍寺《ずいりょうじ》に伝わる15世紀末の土岐重頼《ときしげより》の肖像画の賛に岐阜の名が書かれており、遅くとも戦国時代初頭には岐阜という呼び名があったことは確実である。もともと、「岐」の字は木曽川の古い表記である岐蘇川に由来する。同時に、美濃守護である土岐氏の岐でもあり、岐阜には「土岐氏の都」という意味も込められている。また、「阜」の字には丘や小山の他、大きい、盛んなどの意味がある。そのため、名族土岐氏を敬う意味を込めて、土岐氏の守護所があった岐阜市加納周辺を岐阜・岐阜陽、岐陽などの佳名で呼んだのが地名の起こりである。

信長が美濃平定後から「天下布武」の印判を使いはじめたことはよく知られているが、岐阜への改名はこのスローガンとも連動していたのは間違いない。一説によると、この4文字も沢彦の提案によるものといわれている。信長は周王朝の祖である文王の故事と、天下統一に向けた自身の野心を重ね合わせることで、岐阜という地名に新たな意義づけを与えたのである。

3章 失われた明智光秀の記録

Q36

年齢さえ不祥な明智光秀
実際は何年生まれなのか?

ドラマや歴史コミックなどで本能寺の変が描かれるとき、明智光秀は織田信長より年上の、中年〜初老の男性として登場することが多い。しかし、光秀がこのとき何歳だったかは、じつはいまだにはっきりとしていない。

長年通説とされてきた明智光秀の生年は、享禄《きょうろく》元年(1528)で、本能寺の変のときは55歳となる。この説の根拠は、江戸時代の元禄《げんろく》年間に成立した軍記物『明智軍記』に載っている、光秀の辞世の句である。

逆順無二門　大道徹心源（逆順《ぎゃくじゅん》二門《にもん》無《な》し　大道心源《だいどうしんげん》に徹す）

五十五年夢　覚来帰一元（五十五年の夢　覚え来りて一元に帰す）

この句中の「五十五年」を根拠に「光秀の享年は55歳」、生年は逆算して「享禄元年」ということになったのである。しかしながら、『明智軍記』は後世の成立で誤伝や創作も多く、史料的価値はあまり高くないとされている。享禄元年説をとる史料は他にもあるが、いずれも後世の成立だ。

近年、戦国史研究家の谷口克広《たにぐちかつひろ》氏の唱えた説が注目されている。安土桃山〜江戸初期の政治・社会状況を記録した『当代記《とうだいき》』によれば、「(六月) 十三日に相果て、跡方なく散る。時に明知歳六十七」などの記述があるのだ。没年が67歳ならば、生年は逆算して永正《えいしょう》13年（1516）となる。従来説よりもかなり年上ということになる。

『当代記』の編纂者は不明だが、姫路藩主・松平忠明《まつだいらただあきら》ともいわれる。江戸初期の寛永《かんえい》年間の成立で、光秀の時代とも近い。『明智軍記』と比べると、公的性格の強い『当代記』の方が信憑性は高そうではあるが、今後のさらなる検証が期待される。

なお、享禄元年説・永正13年説に共通するのは「子年」ということだ。戦国期の中国地方を描いた軍記物『陰徳太平記』には、「光秀は子の歳にして、信長に六つの年増なり」とあり、享禄元年説の根拠となっている。光秀の生年比定では、「光秀は子年生まれ」という共通認識があるようだ。このことから、光秀の生年を同じ子年の「天文《てんぶん》9年（1540）」とする大胆な説も出されているが、彼の活躍時期から考えると無理がある。

享禄元年説（享年55歳）・永正13年説（享年67歳）のいずれをとるとしても、根拠は後世の史料によるしかなく、同時代の証言は見つけられないのが現状である。

Q37 複数ある光秀生誕の地 出生地とされる根拠は何か？

前半生には謎の多い明智光秀だが、出生地と伝えられる場所も複数ある。武士の苗字の多くは所領の地名から来ているが、「明智」も美濃国にあった「明智荘」という荘園が由来だと考えられている。では、光秀は美濃のどこで生まれたのだろうか。いまだに決着は付いていないが、候補地として紹介されることが多いのが、岐阜県恵那《えな》市明智町にある落合砦と、同可児《かに》市瀬田にある明智城（別名長山《ながやま》城）である。

落合砦は、山城である明知城（別名白鷹《しらたか》城）のすぐ近くにあり、「光秀産湯の井戸」と称する史跡が残る。しかし、明知城は美濃遠山氏の庶流・明知遠山氏の居城であり、明知遠山氏と土岐明智氏は別の氏族とされ、明智光秀との血縁関係は確認されていない。ちなみに、明知遠山氏の系譜は江戸時代の名奉行・遠山金四郎景元《かげもと》（遠山の金さん）に連なる。

一方、可児市の明智城の方は、かつて明智荘と呼ばれる荘園があった場所である。17世紀の史料『美濃国諸舊記』には、「明智の城のありし地を、長山の地といへり」などと書か

可児市にある明智城の大手門。城跡はハイキングコースとして整備されている。明智光秀の叔父とされる光安が城主のとき、斎藤義龍の攻撃を受けて落城したという

れている。光秀の叔父とされる明智光安《みつやす》が、斎藤義龍《さいとうよしたつ》に明智城を攻められ、籠城の末自害したことも同史料に伝わる。これらをもとに、地元の郷土史家が「明智城（長山城）はここではないか」と比定した場所が、明智城址となっているのだ。しかし、専門家による同地の調査では、明確な城郭遺構は認められないとされており、この説にもネックがある。

　残念ながらいずれの候補地も、決定的な裏付けがあるわけではない。地元の町おこしとして伝承が利用されるのは良いことだが、学術的には「明智光秀の出生地はわからない」とするしかないのが現状である。

Q38 謎の多い明智光秀の出自 本当に土岐明智氏なのか？

本能寺の変の直前、明智光秀は「時は今　天が下しる　五月哉」と詠んだとされる。「時」は彼の出自「土岐氏」にかかっており、謀反への決意を詠んだという解釈で有名だ。一般に、光秀は美濃土岐氏につながるとされるが、彼の出自については謎が多い。

通説によれば、光秀は美濃土岐氏の庶流・土岐明智氏であるとする。「明智系図」（『続《ぞく》群書類従《ぐんしょるいじゅう》』所収）によれば、土岐明智氏初代・頼重《よりしげ》の9代後の光隆《みつたか》が明智光秀の父ということになっている。しかし、史料によっては父の名を光綱《みつつな》、あるいは光国《みつくに》とするものもある。現存する系図類は相互に矛盾する点が多い上、すべて江戸時代以降の成立でもあるため、鵜呑みにすることはできない。

一方、同時代人による証言もある。禁裏御倉職《きんりみくらしき》（朝廷の財産を管理する商人）を務めた立入宗継《たてりむねつぐ》（１５２８〜１６２２）は、信長と朝廷の仲立ちをするなど重きをなした人物で、その情報は信頼がおける。彼の残した『立入《たてり》左《さ》京亮《きょうのすけ》入道《にゅうどう》隆佐《りゅうさ》記《き》』には、次の記述がある。

「美濃国住人とき（土岐）の随分衆《ずいぶんしゅう》也　明智十兵衛尉」

天正7年（1579）の頃の記録で、光秀を「前代未聞の大将なり」と称賛している。光秀が美濃土岐氏に関係があることは間違いなさそうだ。

もっとも、「随分衆」とは良い身分だという意味ではなく、「随伴」「随行」の用例のように従者と解釈することもできる。その場合、光秀は必ずしも名族の出身とは限らなくなる。光秀は、素性の定かでない卑賤な身分からのし上がり、土岐明智氏の末裔を自称したのだとする意見も根強い。もし光秀が土岐明智氏と血縁がないのなら、冒頭の句を「土岐」につなげる解釈は深読みのし過ぎということになってしまう。

他に、室町幕府の奉公衆《ほうこうしゅう》だった進士《しんし》氏との関係に着目した研究もある。進士晴舎《はるいえ》・藤延《ふじのぶ》父子は足利義輝の側近だったが、永禄の変の際に主君とともに討ち死にしている。『明智氏一族宮城家相伝系図書』という史料には、「伝えるところによれば、光秀はじつは進士（山岸）信周の次男である」という記述がある。光秀に最後まで従った重臣に、進士貞連《さだつら》という人物がいることも、光秀と進士氏の関係を示唆する。小林正信《こばやしまさのぶ》氏はさらに論を進め「進士藤延は永禄の変で死んでおらず、逃げのびて明智光秀となり、足利義昭を奉じた」という大胆な説を提唱しているが、現実味はやや薄い。

Q39 そもそも土岐明智氏とはどんな氏族なのだろうか？

明智光秀が出たといわれている土岐明智氏であるが、そもそもどのような氏族なのか。明智氏の本家にあたる土岐氏は、清和源氏の一派である。平安時代、源国房《くにふさ》が美濃に本拠地を定め、土岐郡にも支配域を広げた。「土岐氏」を名乗った時期は、国房の4代後の光衡《みつひら》の頃からなど諸説ある。南北朝時代、土岐頼貞《よりさだ》が足利尊氏に付いて軍功をあげ、代々美濃国の守護を務めた。しかし戦国時代、斎藤利政《としまさ》（道三）の下剋上で土岐氏は美濃を追われる。

美濃の名族となった土岐氏は、多治見《たじみ》氏や石谷《いしがい》氏など多くの分家を生んだ。その多くが足利将軍の親衛隊である奉公衆に名を連ねたが、明智氏もその一つである。「続群書類従」などの系図によれば、南北朝時代に土岐頼貞の孫・頼重《よりしげ》が「明智」を名乗ったという。

土岐氏から分かれた明智氏という氏族が実在し、戦国期まで続いていたことは確実である。しかし、土岐明智氏の系譜と明智光秀が本当につながっていたかに関しては、信頼できる史料が見つかっていないのが現状である。

Q40 有名な明智光秀の肖像画 じつは光秀ではない可能性も？

大阪府岸和田市の本徳寺《ほんとくじ》に伝わる明智光秀の肖像画は、上品な文化人武将としての光秀のイメージに寄与してきた。しかし、この肖像画を光秀とする根拠は薄弱だ。

肖像画の上部に「輝雲道琇禅定門肖像」と戒名が書かれており、「輝」「琇」の字の中にそれぞれ「光」「秀」の字が含まれている、というだけなのである。

一方で、直垂《ひたたれ》の下に着ている帷子《かたびら》の文様は「笹」であり、光秀の家紋「桔梗」は見当たらない。また、肖像画の賛《さん》（絵画に書き込まれた詩文）も、光秀を表しているとは考えにくい。「100年の安定した生活を不意に捨て、般舟三昧《はんじゅざんまい》（仏道の修行の一つ）に身を投じた」といった内容が読み取れるが、武将としての光秀の功績に結び付く記述は何もないのだ。本徳寺所蔵の肖像画は、別人のものであると考えるのが自然ではないだろうか。

なお、京都市右京区にある慈眼寺《じげんじ》には、光秀のものとされる黒塗りの木像がある。従来のイメージとは異なる眼光鋭い風貌だが、しっかり桔梗紋も施されている。

Q41 美濃で生まれた明智光秀はどのような青年期を過ごしたのか？

明智光秀は、享禄元年（1528）または永正13年（1516）に美濃で生まれた。若き日の光秀は、美濃でどのように過ごしていたのだろうか。

光秀の生まれた頃の美濃は、守護である土岐氏の家督争いが原因で、泥沼の内紛に陥っていた。当主の土岐政房《まさふさ》には頼武《よりたけ》と頼芸《よりのり》の二人の男子がいたが、政房は後継者として次男の頼芸を指名。頼武が不満を抱いたことから、永正14年（1517）から内紛が発生したのである。頼芸は一旦敗れて尾張に亡命するが、再起して逆襲。頼武は越前に追放されるも、朝倉氏の支援を得て美濃に侵攻する。このような目まぐるしい守護職の奪い合いは、尾張・越前という他国の介入も招き、美濃は荒廃した。

土岐頼武の没後は、その子・頼純《よりずみ》（頼充《よりみつ》）と頼芸の間で争いが続く。この戦乱の中、頼芸を助けて戦功を重ねたのが斎藤利政（道三）であった。彼の活躍により、土岐頼芸は長い家督争いに勝利することができた。しかし天文《てんぶん》19年（1550）から翌年の間、家中の実権を握った道三に追放されてしまった。斎藤道三といえば、一介の油売りから下剋上をなして美濃国主になったという物語が知られていた。しかし、『六角承禎条書《ろっかくじょうていじょうしょ》』という史料が新たに発見され、下剋上は父子二代で完成したことが明らかになっている。

この斎藤道三は、明智光秀の叔母にあたる小見《おみ》の方《かた》を正室としていたという（『美濃国諸舊記』）。これを信じるなら、道三と小見の方の娘で織田信長に嫁いだ濃姫（帰蝶）は、光秀の従姉妹ということになる。道三と土岐明智氏の婚姻関係から、若き光秀は道三の側に仕えていたとする説もある。

光秀が美濃を離れた理由は、『明智軍記』『美濃国諸舊記』などに次のように記されている。弘治《こうじ》2年（1556）、斎藤道三は嫡男の義龍と対立し、長良川の戦いで敗死した。このとき、土岐明智氏はいずれの陣営にも加わらなかったため、義龍に居城の明智城を攻められることになった。城将の光安（光秀の叔父）は、落城時に光秀を脱出させ、自らは討ち死にした。光秀はその後諸国を遍歴して武芸を鍛錬し、越前の朝倉氏に仕えたという。

これらの史料は信憑性が薄いため、光秀がどのような青年期を美濃で過ごしていたかはわからない。しかし、実力主義の横行する戦乱の美濃が、明智光秀のような権謀術数にたけた武将を生み出しやすい土壌であったことだけは確かである。

Q42 越前に移り住んだ光秀は朝倉義景の重臣になったのか？

美濃を離れた明智光秀は、その後どのような足取りをたどったのだろうか。『明智軍記』によれば、光秀は美濃を去った後に諸国を遍歴し、武者修行をした。その後、一向一揆との戦いで鉄砲を駆使して活躍し、朝倉義景《あさくらよしかげ》に召し抱えられた、というのである。禄高は500貫で、新参者にしてはかなりの好待遇だったといっていい。しかし、『明智軍記』の信頼性には疑問もある。光秀は、本当に朝倉義景の重臣だったのだろうか。

光秀が越前にいたことについては、他の史料の裏付けが存在する。時宗の僧侶・同念上人《どうねんしょうにん》の記録『遊行三十一祖京畿御修行記《ゆぎょうさんじゅういちそけいきごしゅぎょうき》』に、次のような記述があるのだ。

「惟任《これとう》方もと明智十兵衛尉といひて、濃州土岐一家牢人たりしが、越前朝倉義景を頼み申され、長崎称念寺門前に十ヵ年居住」

光秀が、越前の朝倉義景を頼って越前国長崎に10年住んでいたことが確認できる。ところが、朝倉氏の拠点・一乗谷（福井市）と称念寺（福井県坂井市）は20㎞ほども離れてい

新田義貞の菩提寺として知られる称念寺。『明智軍記』によれば、称念寺の末寺である西福庵は光秀の母と縁があったという

るため、光秀が朝倉氏の重臣扱いだったとは考えにくい。延宝《えんぽう》元年（１６７３）に兵学者の山鹿素行《やまがそこう》が編纂した『武家事記』によれば、明智光秀は「朝倉義景の家臣・黒坂備中守景久に仕え、後に細川藤孝に仕えた」とある。景久の居城は称念寺の近くの舟寄館《ふなよせやかた》であり、先の記述とも整合性がとれる。

光秀は、朝倉義景の重臣ではなく陪臣（家臣の家臣）だったという説は一定の説得力がある。その場合、あまり豊かな生活ではなかったと思われる。称念寺にまつわる伝承には、若き光秀が寺子屋を開いたという話もあるが、ありえないことでもないだろう。

Q43 盟友関係になる細川藤孝とはどんな出会いだったのか？

永禄8年（1565）5月19日、室町幕府の13代将軍・足利義輝が、三好義継《みよしよしつぐ》（三好長《なが》慶《よし》の後継者）の軍勢に襲撃され、殺害された。世にいう「永禄の変」である。現職将軍が弑逆《しいぎゃく》される大事件は、明智光秀、そして織田信長の運命も大きく変えることになった。

将軍暗殺は、「梟雄《きょうゆう》」として有名な松永久秀《まつながひさひで》が首謀したとされることが多いが、変のときの久秀は大和におり、無関係である。それどころか、義輝の弟で興福寺《こうふくじ》にいた覚慶《かくけい》（後の義昭《よしあき》）を殺さず、幽閉するにとどめている。その覚慶は、家臣の細川藤孝らの手引きで幽閉元を脱出し、還俗して義昭（当初は「義秋」）となるのである。

義昭を奉じて上洛する大名を求めた藤孝は、織田信長に対して交渉を進めたが、信長が美濃に侵攻したため失敗に終わる。そして永禄9年（1566）、義昭主従は越前の朝倉義景を頼る。しかし、義景も上洛する意図はなく、義昭主従は焦りを募らせた。この頃から、明智光秀が歴史の表舞台に登場する。戦国〜江戸時代を生きた儒者の談話をまとめた『老

光秀と終生付き合いのあった細川藤孝と光秀（東京大学史料編纂所蔵模写）

人雑話』には、「明智初め細川幽斎の臣也」とある。他の史料からも、光秀が藤孝の家臣と見られていたのは事実だろう。朝倉義景を見限った藤孝が、義昭を奉じる交渉に利用できる人物として、光秀に接近したのだと思われる。

　織田信長を利用する計画は、一度は頓挫した。しかし永禄10年（1567）、信長が美濃を攻略したため状況が変化。小《お》和田《わだ》哲男《てつお》氏は『明智光秀・秀光』において、その頃に光秀が信長への仲介役を買って出たのではないか、と推測している。織田信長の正室・濃姫の母は、光秀の叔母にあたると考えられており、その血縁が利用されたのだろうか。

Q44 室町幕府で光秀が務めた「奉公衆」とはどんな役職か？

足利義昭・細川藤孝主従が越前に亡命したことで、明智光秀と室町幕府の縁ができた。一方で、明智氏にはもともと「室町幕府の奉公衆に任命された者が多い」という縁もあった。そもそも「奉公衆」とは、足利将軍に直属する親衛隊のことで、諸国の守護大名の一族の者や、国人領主程度の武士が任命された。美濃の土岐氏の庶流は奉公衆になった家が多いが、その中には明智氏も含まれている。義昭主従が越前時代に光秀に接近したのは、奉公衆を務めた明智氏の血統も背景にあったかもしれない。

それでは、光秀も義昭が将軍になってから奉公衆になったのだろうか。『永禄六年諸役人附』という史料には、光秀は「足軽衆」の一人として登場する。この「足軽」は「将軍の側に仕える歩兵隊」くらいの意味で、おそらく軽輩ではない。公家の山科言継《やましなときつぐ》の日記『言《とき》継卿記《つぐきょうき》』では、永禄13年（１５７０）正月、言継が年始の挨拶をした奉公衆の一員に「明智十兵衛尉」の名がみえる。光秀は、義昭政権下における奉公衆だったといえそうだ。

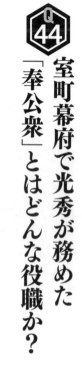

Q45 光秀の意外な特技を伝える新史料『米田家文書』とは？

近年、若き日の明智光秀の動向について『米田家文書《こめだけもんじょ》』（熊本大学付属図書館蔵）という史料が注目されている。光秀と縁の深い細川家は江戸時代に熊本藩主となったが、米田家はその次席家老の家柄である。問題となるのは、米田家文書の中の『針薬方《しんやくほう》』という医術書だ。これは沼田勘解由左衛門《ぬまたかげゆざえもん》（幕府奉公衆の家柄）という人物が、明智光秀から口伝を受け、書き記したものである。原本は失われたが、米田貞能《さだかず》が永禄9年（1566）に筆写したものが伝わる。光秀は、当時としてはかなり高度な医学知識を持っていたのだ。

また、「明智十兵衛尉が、高嶋田中に籠城した時の口伝である」という奥書の記述も興味深い。光秀は、永禄9年以前に近江の有力国人・田中氏の拠点である高嶋田中城に籠城したというのだ。これは、信頼できる史料に登場する光秀の事績の初出となる。田中城が敵対勢力（浅井氏か？）に攻められたとき、足利将軍家が田中氏を支援し、光秀は将軍家を支える立場から、沼田勘解由左衛門らとともに田中城に籠城したのだろう。

Q46

光秀はどのような経緯で信長に仕えるようになったのか?

明智光秀は、細川藤孝と織田信長の仲介役を務めたことで、歴史の表舞台に姿を現した。永禄11年(1568)になると、光秀の名前が一次史料(信長が細川藤孝にあてた書簡)にも登場しはじめる。この年の2通の書状からは、光秀は藤孝から信長に遣わされた使者であったことがわかる。特に2通目の書状には、「熟考した上での判断を明智に申し含めました」などと書かれており、信長は光秀を信用して伝言を託したことが想像される。

藤孝や光秀の尽力により、信長は永禄11年9月に上洛を開始する。信長は六角氏や三好三人衆などの抵抗勢力を退け、同年10月には義昭を将軍位につけることに成功した。

この頃、光秀は義昭・信長政権の内部でどのような立ち位置にあったのだろうか。それをうかがい知ることができる史料が『永禄六年諸役人附』である。足利義輝在任中の永禄6年(1563)に成立した幕臣たちの名簿だ。後半部分は、永禄10年(1567)10月~翌年2月まで(義輝の死と義昭の将軍就任の間)に加筆されたものであることが、近年判明した。つまり、後半は義昭の将軍就任後の政権構想だったのである。

この中の「足軽衆」のところに、「明智」の名前が見えるが、これが光秀を指すことは間違いないだろう。この事実をどう見るかは、研究者の間で見解が分かれる。一つは、「足軽衆のような軽輩だったのだから、光秀は名族・土岐明智氏の出身ではなかった」と解釈するもの。もう一つは、「足軽衆は軽輩を意味せず、名族の出身としてもおかしくない」とするものである。いずれにせよ、光秀の将軍家における立ち位置は細川藤孝の家臣であり、将軍・義昭の陪臣にすぎなかった。

さて、義昭を将軍位につけた信長はいったん本拠地の岐阜城に戻るが、三好三人衆はその隙をついて反撃に転じた。永禄12年（1569）正月、三好三人衆は京都に攻め入り、将軍・義昭のいた本圀寺《ほんこくじ》を包囲。『信長公記』には、その際に義昭を警護した一人として明智十兵衛の名が見える（『信長公記』における光秀の初出）。

本圀寺の戦いは、将軍自ら奮戦するなどしたことで、三好三人衆を退けることができた。事態を知った信長は再び上洛し、義昭のために二条御所を普請したり、織田家臣や幕臣を奉行として各地に設置したりして京都周辺の秩序の確立に努めた。その過程で、光秀も信長に能力を見込まれ、その家臣団に組み込まれていったのであろう。

Q47 光秀は足利義昭と織田信長の二人の主君に同時に仕えていた？

これまで朝倉氏家臣、幕臣（細川藤孝家臣）と主家を変えてきた明智光秀。著名な織田信長家臣としての活躍は、いつからはじまるのだろうか。この問いに答えるのは難しい。

本圀寺の戦いの後、信長は京都周辺の安寧を保つため、木下（豊臣）秀吉や丹羽長秀らの家臣だけでなく、細川藤孝や明智光秀のような中央の事情に通じた幕臣も活用した。光秀が公式に発給した最初の文書は、永禄12年（1569）4月の木下秀吉との連署状である（『沢房次氏所蔵文書』）。その直後の日付の、秀吉・光秀・丹羽長秀・中川重政4名の連署状も存在する。

だが、単純にこれをもって「光秀は織田家臣に組み込まれた」とすることはできない。確かに、光秀は織田家臣とともに政務にあたり、文書を発給していた。だが、光秀が将軍家への所属を続けていた証拠もある。『東寺百合文書《とうじひゃくごう》』によれば、元亀《げんき》元年（1570）、「光秀が東寺の荘園を押領した」という訴えがあった。その際、「当該荘園は光秀が上意として

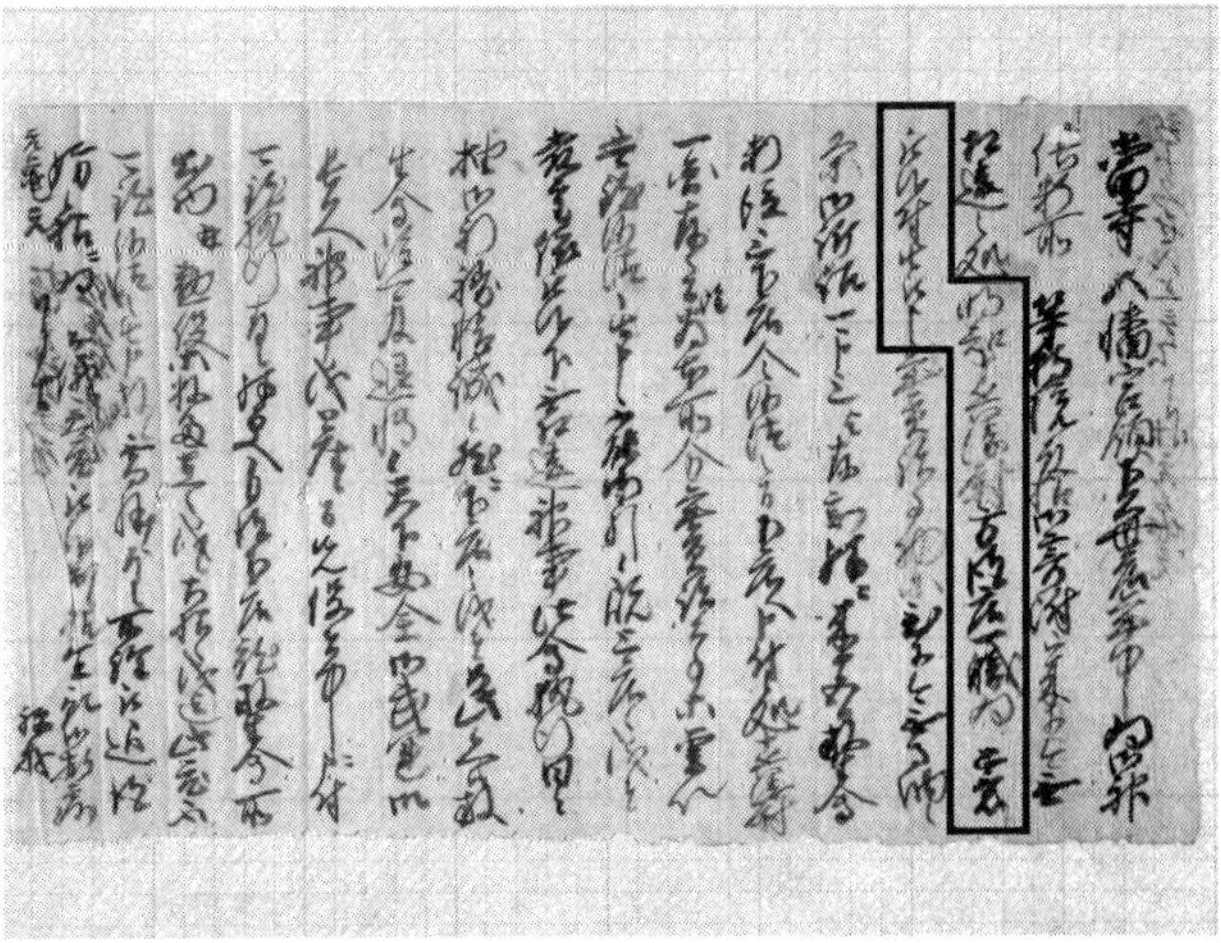

「東寺八幡領の下久世荘は明智光秀が上意として仰せつけられた」とある書状（京都府立京都学・歴彩館 東寺百合文書Webより）

仰せつけられた」との記述がある。上意とは将軍・義昭の意志であり、光秀は将軍家からも扶持をもらっていたことになる。この頃の光秀は、足利将軍家と織田家の双方に「両属」するという曖昧な地位だったのだ。

光秀の立場は、義昭が信長の傀儡に甘んじなかったことで、両者の関係が悪化したため微妙なものになった。元亀元年、信長は義昭に対し、その権限を大きく制限する「五か条の条書」を突き付けた。その内容の証人として、僧侶の朝山《あさやま》日乗《にちじょう》とともに光秀の名もある。この頃には既に、光秀は織田家と将軍家の両属の立場ではなくなっていたのだろう。

Q48 光秀が領地として賜った志賀郡の戦略的重要性とは？

織田信長の手足となって働くようになってから、明智光秀は次々と武勲をあげた。まず元亀元年（1570）4月、信長は朝倉攻めの最中に浅井長政の裏切りにあい、挟撃の危機に陥った。このとき、光秀が木下秀吉・池田勝正《いけだかつまさ》と殿軍を務めたことで、織田軍は撤退戦に成功する（金ヶ崎の退き口）。その後の浅井・朝倉氏との戦いで、比叡山延暦寺が中立を守らなかったため、翌年9月に延暦寺焼き討ちが行われた。従来は、光秀が延暦寺焼き討ちを諫めたというイメージがあったが、実際には信長の命令を忠実に遂行していたことが明らかになっている（↓Q28）。

焼き討ちの後、信長は光秀に家中で筆頭の評価を下す。光秀は坂本を含む近江志賀郡を与えられ、坂本城の築城をはじめた。柴田勝家や佐久間信盛《さくまのぶもり》、木下秀吉といった織田家の重臣のうち、誰よりも早く「一国一城の主」になったのである。

明智光秀の与えられた坂本（志賀《しが》郡）は、琵琶湖の水運と京都を繋ぎ、延暦寺をにらむ要地である。しかも、志賀郡の大半は焼き討ちにしたばかりの比叡山の荘園（山門領《さんもんりょう》）だった。光秀は入封直後から、軋轢をものともせず山門領を接収している（→Q47）。

また、琵琶湖畔の堅田《かたた》は水運の要衝だったが、武装して海賊行為も働く者もあり「堅田湖賊」と呼ばれていた。『信長公記』には、明智光秀が「堅田の猪飼野甚介《いかいのじんすけ》（別名猪飼昇《いかいのぶ》貞《さだ》）」らを率いて、軍船で浅井方を攻撃したという記述がある。光秀は領国経営を通じて、堅田の水軍を掌握していたことがわかる。坂本城は琵琶湖の水が城内に引き込まれ、船の出入りができる構造だったという。坂本城は「水軍の拠点となる城」でもあったのだ。

なお、元亀3年（1572）9月に信長は足利義昭と決裂。翌年2月、光秀は信長の命を受け、今堅田城《いまかたたじょう》で旧主である義昭方と戦い、これを破っている。

比叡山焼き討ち前の武将配置

Q49 光秀の築いた坂本城は安土城より早く天守があった？

明智光秀が築いた坂本城は山崎の戦いの後に焼亡し、遺構は少ない。だが、宣教師ルイス・フロイスが「信長が安土山に建てたものに次ぎ、この明智の城ほど有名なものは天下になかった」（『日本史』）と称賛するほどの、壮麗な城だった。坂本城に招かれた公家の吉《よし》田兼見《だかねみ》によれば、「城中天守作事以下悉く披見」とあり、坂本城は安土城に先立って天守を持っていたことがわかる（『兼見卿記』）。

光秀は、かなり苛烈なやり方で坂本城を普請している。『永禄以来年代記』という史料によると、光秀は比叡山の山上の木まで伐採したという。さらには、割り当てた人足を派遣しなかった村を厳しく咎めた書状も残っている（『真田家文書』）。

光秀が掌握した領地には、石垣積みの職能集団で知られる穴太衆《あのうしゅう》も含まれる。坂本城は琵琶湖の畔の石垣の城であり、当時の技術が結集されていた。当時城郭に使用されることの少なかった瓦が出土するなど、築城にかけた光秀の意欲がうかがえる。

Q50 織田家の出世頭になった光秀はどれくらいの家臣を抱えたのか？

織田家中における新参者でありながら、急速な出世を遂げた明智光秀。出世にともなって掌握する家臣も増えていったはずだが、その家臣団はどのくらい人数がいたのだろうか。

光秀の所領となった近江志賀郡の経済力は、大体5万石位といわれる（「石」という基準は近世のものなので、あくまで目安）。1万石につき250人の家臣を抱えるといわれるので、光秀は1250人の家臣を必要としたことになる（小和田哲男『明智光秀・秀満』）。

古くから従う重臣はあまりいないため、光秀は出世に従って新しく家臣を採用していったようだ。それ以外に、「与力《よりき》」として付けられた武将が、光秀の軍事力となった。主君の信長が、下級家臣や在地領主を有力家臣の光秀の下に編成したのである。

天正元年（1573）、足利義昭が京都から追放され、室町幕府は事実上滅亡した。この際、信長のもとに降った伊勢貞興《いせさだおき》などの幕臣の多くは、光秀の下に付けられている。与力や旧幕臣は、もともと光秀の家臣ではなかったので、統制には苦心しただろう。

Q 51

光秀に与えられた苗字と官途「惟任日向守」の意味とは？

天正3年（1575）7月、織田信長は朝廷から官位の昇進を打診されたがこれを固辞し、代わりに重臣たちの任官を願い出る。これにより、明智光秀は「惟任《これとう》」の苗字と「日向守」の官途《かんと》、従五位下の位階を授かった。この「惟任」の苗字の由来は何だろうか。

同じとき、丹羽長秀には「惟住《これずみ》」、簗田広正《やなだひろまさ》には「別喜《べっき》」、塙直政《ばんなおまさ》には「原田」の苗字が与えられている。おそらく同時期に、羽柴秀吉には「筑前守」の官途が与えられた。これらの苗字や官途に共通するのは、九州に縁があることだ。「別喜」とは大友氏家臣の戸次《べっき》鑑《あき》連《つら》（立花道雪）で有名な戸次氏と同音で、原田氏は平安時代にはじまる筑前の氏族である。日向守や筑前守の官途はいうまでもない。信長が天下統一を視野に入れ、九州支配を正当化する名乗りを家臣に与えたのかもしれないが、史料から信長の意図を知ることはできない。単に九州由来の苗字や官途に統一するという、信長の遊び心だったのか……。

一方、光秀の「惟任」や長秀の「惟住」については、それまでに姓氏として使われたことがなく、由来不祥である。歴史研究家の乃至政彦《ないしまさひこ》氏は、「惟任は本来『維任』で『いとう』と読むのではないか」という説を提唱している。苗字を改めた直後の光秀が「維任」と署名していること、『信長公記』自筆本が「維任」表記であることなどが根拠である。「いとう」の読みに日向守の官途とくれば、日向の戦国大名の伊東氏が想起される。信長は光秀に、日向国の国守という「格」を与えようとしたのだろうか。この推論に従えば、丹羽長秀の「惟住」は本来「維住（いずみ）」で、薩摩国出水《いずみ》郡が由来ではないかと考えられる。もっとも、伊東氏は光秀の改氏の頃に日向を支配しており、僭称《せんしょう》の色が強くなる。当初「維任」と署名しながら、やがて「惟任」に変えた光秀。乃至氏は、光秀が名乗りに気後れし、後に「惟任」と字と読みを改めたのだろう、としている。

だが、光秀にとって信長から与えられた新しい苗字は特別なものだったようだ。光秀は、当初「三宅」を名乗っていた重臣の弥平次秀満《やへいじひでみつ》に、「明智」の苗字を与えている。おそらく、光秀の娘の秀林院と結婚した際、養子として一門衆に加えられたのだろう。ちなみに秀満は「光春」の表記でも知られるが、信頼できる史料には見当たらない。

光秀は、「明智」の苗字や桔梗紋を重臣に使わせることはためらわなかった。一方で、「惟任」の苗字は重臣に名乗らせることはなく、彼一人の名乗りだったのである。

Q 52 光秀のライバルだった秀吉 出世競争で優勢だったのは？

　本能寺の変の後、明智光秀を倒して天下人となる羽柴秀吉。織田家譜代の家臣ではないが、実力で出世を遂げた点で光秀と共通している。信長が重臣の佐久間信盛の怠慢をとがめた『折檻状』には、重臣の働きの筆頭に光秀、次いで秀吉が言及されている（その後に池《いけ》田《だ》恒《つね》興《おき》、柴田勝家）。織田家重臣のナンバー1、2という扱いだったことがうかがえる。

　下層階級から信長に仕えた秀吉には、「信長の草履取りだった」「美濃攻めで墨俣一夜城を築いた」などの有名な逸話があるが、後世の創作であろう。確実な史料での初出は、永禄8年（１５６５）に信長が与えた知行宛行状の「木下藤吉郎秀吉」の署名である（『坪内文書』）。この頃には、家中でかなり上位の地位にいたと思われる。

　永禄11年（１５６８）に信長が足利義昭を奉じて上洛すると、秀吉は他の織田家臣とともに京都の政務に携わるようになった。既に述べたが、明智光秀が発給した現存最古の文書は秀吉との連名のもの（永禄12年）で、両者はこの頃には同僚として動いていた。

秀吉よりも加入が遅かった光秀だが、元亀2年（1571）には近江志賀郡を与えられ、家中で最初の「一国一城の主」となった。その後、秀吉は浅井氏との戦いで戦功をあげ、天正元年（1573）に北近江三郡の所領を与えられる。秀吉は長浜城を築き、家中2番目の「一国一城の主」となる。非常に熾烈な出世競争であった。

ライバル関係にあった二人の関係性はどうだったのだろうか。江村専斎《えむらせんさい》（1565〜1664）という儒学者・医師が晩年に語った回想『老人雑話』は、正確性には疑問があるが興味深い逸話もある。同史料に、秀吉と光秀の性格を比較した人物評が載っている。「筑前守は信長の手の者の様にて、其上磊落《らいらく》の気質なれば、人に対して非常におこれり（驕《おご》れり）。明智は外様のやうにて、其上謹厚《きんこう》の人なれば、詞《ことば》常に慇懃《いんぎん》なり」

秀吉は豪放磊落だが傲慢、光秀は謹厳実直で慇懃であったという、対照的な人物像が浮かび上がってくる。同時代人もまた、両者をライバルとして見ていたのだろう。

なお、織田家中では禄高だけでなく、茶の湯も出世の物差しとして利用されていた。信長から名物の茶器を与えられ、茶会を主催するのは、限られた重臣のみに許された特権だったのである。先に茶会を開いたのは光秀の方で、天正6年（1578）正月、坂本城で津《つ》田宗及《だそうぎゅう》らを招いて茶会を催している。

Q53 連歌や茶の湯を嗜んだ光秀 どれほどの教養があったのか?

明智光秀といえば、織田家重臣の中でも教養人のイメージが強い。信長が重臣に茶会の許可を与えた話からもわかるように、戦国時代の武将たちにとって茶の湯・和歌・連歌《れんが》などは必須の教養であった。光秀は抜群の武功を立てるのに並行して、和歌は細川藤孝、連歌は里村紹巴《さとむらじょうは》、茶の湯は津田宗及など、その道の第一人者に本格的に学んでいた。

中でも、連歌の腕前は玄人はだしだったようだ。連歌とは、五・七・五の長句と七・七の短句を交互に読み、百句連ねる「百韻《ひゃくいん》」の形式が基本である。光秀が連歌会に出席した記録の最初は、上洛間もない永禄11年(1568)11月で、里村紹巴や細川藤孝との同席だった。その後、さらに連歌の研鑽を重ねたようで、3回も「千句興行」(百韻を10回重ねることで、かなりの技量を必要とする)を催した記録がある(天正5年・7年・9年)。天正3年(1575)には、薩摩の戦国大名・島津義久《しまづよしひさ》の弟・家久《いえひさ》が上洛した際、光秀が坂本城に招いて茶会を催している。光秀の教養は、外交手段としても機能したのである。

Q54 光秀や秀吉の出世を可能にした織田家臣団の特徴とは？

明智光秀・羽柴秀吉・丹羽長秀・滝川一益など、実力で織田家の重臣となった者は多い。徹底した実力主義を実現した織田家臣団の仕組みはどうだったのだろうか。

信長の支配領域が広大になると、有力家臣に地域ごとの軍事・行政権などをゆだねる「一《いっ》職《しき》支《し》配《はい》」という方式をとるようになった（丹波の明智光秀、越前の柴田勝家など）。また、有力家臣の下には与力として別の織田家臣が付けられ、軍団として編成されたのである。

天正8年（1580）、佐久間信盛は本願寺攻めでの怠慢などを理由に、突如高野山に追放された。当時の信盛は、彼自身の家来だけでなく信長の付けた与力を大勢抱え、畿内における大軍団を形成していた。信盛の追放は、家臣団の再編成という意味もあったのだ。

本能寺の変の直前、光秀は中国攻め中の秀吉の指揮下に入る命令を受けた。信盛のように軍団の司令官の地位を外され、凋落するのを恐れての謀反であるという説もある。だとすれば、実力者を登用しやすい織田家の制度が、皮肉にも光秀の謀反を招いたことになる。

Q55 なぜ信長は光秀に丹波の攻略を命じたのか？

織田家臣として明智光秀の業績のうち、最も大きなものの一つが丹波の平定だろう。将軍・足利義昭が織田信長と協調していた時期は、丹波の有力国人たちは信長に従っていた。しかし元亀4年（1573）、義昭が京から追放されると、丹波の国人たちは信長と敵対することになったのである。天正3年（1575）5月、長篠の戦いで武田《たけだ》勝頼《かつより》を破って東の脅威を除いた信長は、光秀に丹波の攻略を命じた。

光秀が抜擢された理由について、金子《かねこ》拓《ひらく》氏は次のように分析している。信長は、武力一辺倒ではなく、親義昭派の丹波国衆を、室町幕府の権威を用いて恭順させようとしていた。光秀は元幕臣ゆえの人脈があり、義昭追放後は旧幕臣の多くが配下となった。たとえば、政所執事《まんどころしつじ》という枢要な役職を務める家柄の伊勢貞興などである。光秀が丹波平定を任されたのは、国衆の恭順工作に有利に働くから、ということになる。

しかし、丹波平定は難事業だった。光秀は、同年11月から有力国人の赤井（荻野《おぎの》）直

光秀が創始したという密厳寺に伝わっていた木像が、廃寺にともない明治時代に慈眼寺に移された。逆臣とされた光秀の像であることを隠すために黒で塗られたという（慈眼寺蔵）

正が籠る黒井城を攻め、落城寸前まで追いつめた。ところが、翌天正4年（1576）正月、黒井城攻めに従軍していた八上城主・波多野《はたの》秀治《ひではる》が突如離反し、光秀の陣を攻撃。光秀は敗走した。

天正5年（1577）、光秀は丹波攻略を再開し、亀山城を落として拠点化。翌年から八上城の波多野氏を本格的に攻めはじめる。しかし、摂津の荒木村重《あらきむらしげ》の離反などの不穏な情勢が相次ぎ、丹波のみに注力することができなかった。

天正7年（1579）6月、八上城の波多野秀治・秀尚《ひでひさ》兄弟が降伏。同年8月には黒井城も落城し、ようやく丹波平定が成ったのである。

Q56 重臣として知られる斎藤利三は光秀が他家から強引に引き抜いた？

明智光秀の重臣として有名な斎藤利三は、もとは妻の実家である稲葉一鉄《いなばいってつ》の家臣だった。稲葉一鉄は美濃の武将で、美濃斎藤氏の滅亡後は織田信長に従っていた。明智光秀は、名将として知られた利三を、稲葉家中から強引にスカウトしたのである。

引き抜きを行った理由は、成り上がりの光秀が強固な家臣団を編成したかった他、利三の血縁関係が背景にあるといわれる。利三の兄の頼辰《よりとき》は石谷《いしがい》氏の養子に入っていたが、その石谷氏の娘（頼辰の義妹）が土佐の長宗我部元親《ちょうそかべもとちか》の正室となっていた。織田家と長宗我部家は光秀を介して接近し、元親の嫡男は信長から一字を拝領し「信親」と名乗っている。光秀は利三の人脈を利用し、四国取次《とりつぎ》として家中での地位を高めていったのである。

しかし、光秀の強引な引き抜き行為はトラブルも招いたようだ。『稲葉家譜』によれば、天正10年（1582）頃、光秀はまたも稲葉家から那波直治《なわなおはる》という武将を引き抜こうとした。稲葉家の抗議により、信長が直治を稲葉家に返す裁定を行っている。

Q57 明智光秀がしばしば呼ばれる「近畿管領」の地位とは何か？

丹波攻略を完了した翌年の天正8年（1580）、明智光秀は既存の領地だった近江志賀郡に加え、丹波一国を与えられる。この頃からの光秀の役割を、高柳光寿《たかやなぎみつとし》氏は「近《きん》畿《き》管《かん》領《れい》」と表現し、多くの研究者が従っている。「近畿管領」という役職が歴史的にあったわけではなく、あくまで便宜的な呼び名だが、どのような意味があるのだろうか。

天正8年、近畿における軍団を統括していた佐久間信盛が追放されるが、光秀はその配下を引き継いだとみられる。光秀の配下には、筒井順慶や池田恒興、中川清秀《なかがわきよひで》ら多くの畿内の有力武将がいた。つまり光秀は、畿内全体の軍司令官となったわけである。

光秀の職掌は軍事にとどまらず、京都所司代の村井貞勝《むらいさだかつ》とともに京都の行政にも関わったり、滝川一益とともに大和の寺社領の差出（耕地の情報を記した書類）を提出させたりしている。畿内の軍事・庶政を統括するという権限の広さ・大きさは、確かに「近畿管領」と呼ぶに相応しいものだった。

Q58 天皇臨席の一大イベント京都馬揃えはなぜ行われた？

天正9年（1581）2月28日、織田信長は京都で「馬揃え」を挙行した。中国攻めの最中だった羽柴秀吉を除く、織田一門衆や家臣たちのほとんどが参加し、乗馬して華やかに行進したのである。正親町天皇《おおぎまちてんのう》や公家、大勢の町衆たちが見物した一大イベントだった。左義長《さぎちょう》だった。

京都馬揃えが催されたきっかけは、同年正月に安土で行われた左義長だった。左義長とは「どんど」ともいい、火を使った魔よけの行事である。信長は、爆竹を使った派手な見世物にし、城下町の民衆から好評を得た。喜んだ信長は、左義長の責任者だった明智光秀に、京都で馬揃えを行う準備を命じたのである。

ところで、信長が天皇臨席のもとで京都馬揃えを挙行した目的は何だったのだろうか。安土左義長の評判を聞きつけた天皇が、京都でのイベントを希望したとするなら話は単純だ。だが一説には、「朝廷に対する信長の軍事的威圧」であるという。この頃の信長は、正親町天皇から誠仁親王《さねひとしんのう》への譲位を要求しており、圧力をかけていた、というのだ。

信長や秀吉などの援助を受け、29年にわたり在位した正親町天皇。本能寺の変の黒幕とする説もある（東京大学史料編纂所所蔵模写）

しかし、近年では信長と朝廷は対立ではなく協調関係にあったとする説が有力になってきている。馬揃えの前年末、誠仁親王の生母・新大典侍《しんおおすけ》（万里小路《までのこうじ》房《ふさ》子《こ》）が急逝していることから、京都の服喪ムードを一掃し、誠仁親王を励ます目的だったという新説も浮上した。

　信長にしてみれば、織田家が畿内を掌握している事実を諸大名にアピールする絶好の機会でもあった。馬揃えに際しての光秀の役割は準備だけでなく、京都の公家や織田家臣たちへの告知もあった。畿内を統括する要職にあり、公家とも親交があった光秀が、朝廷とのパイプ役を期待されたのだろう。

Q 59

丹波統治時代に定めた『明智光秀家中軍法』とは？

明智光秀は、丹波計略中に亀山城を落とし、改築して新たな居城とした。さらには横山城を福知山城と改名して近世城郭として改築し、女婿の明智秀満を城主として置いた。福知山は由良川《ゆらがわ》と土師川《はぜがわ》が合流する地点にある要衝だが、水害に見舞われやすい土地でもあった。光秀が洪水対策として築いた堤防の一部は、「蛇ケ端御藪《じゃがはなおんやぶ》」として現在も残っている。他にも、光秀は地子銭《じしせん》（土地税）を免除するなどの善政を敷いたため、その後も長く領民に慕われた。同市の御霊神社は、光秀を祭神としたものである。

この時期に光秀が記したとされる、興味深い文書が残っている。福知山市の御霊神社に伝わる『明智光秀家中軍法』である。全18か条からなり、1～7条は軍規で8～18条は家臣の禄高ごとの軍役の割り当てである。「陣地では静粛にすること」（1条）、「下知を必ず守ること」（5条）、「抜け駆けの禁止」（6条）など、基本的な戦場での規律が示されている。また、「軍役人数は100石につき6人」など、石高ごとの兵数・装備などを体系的に

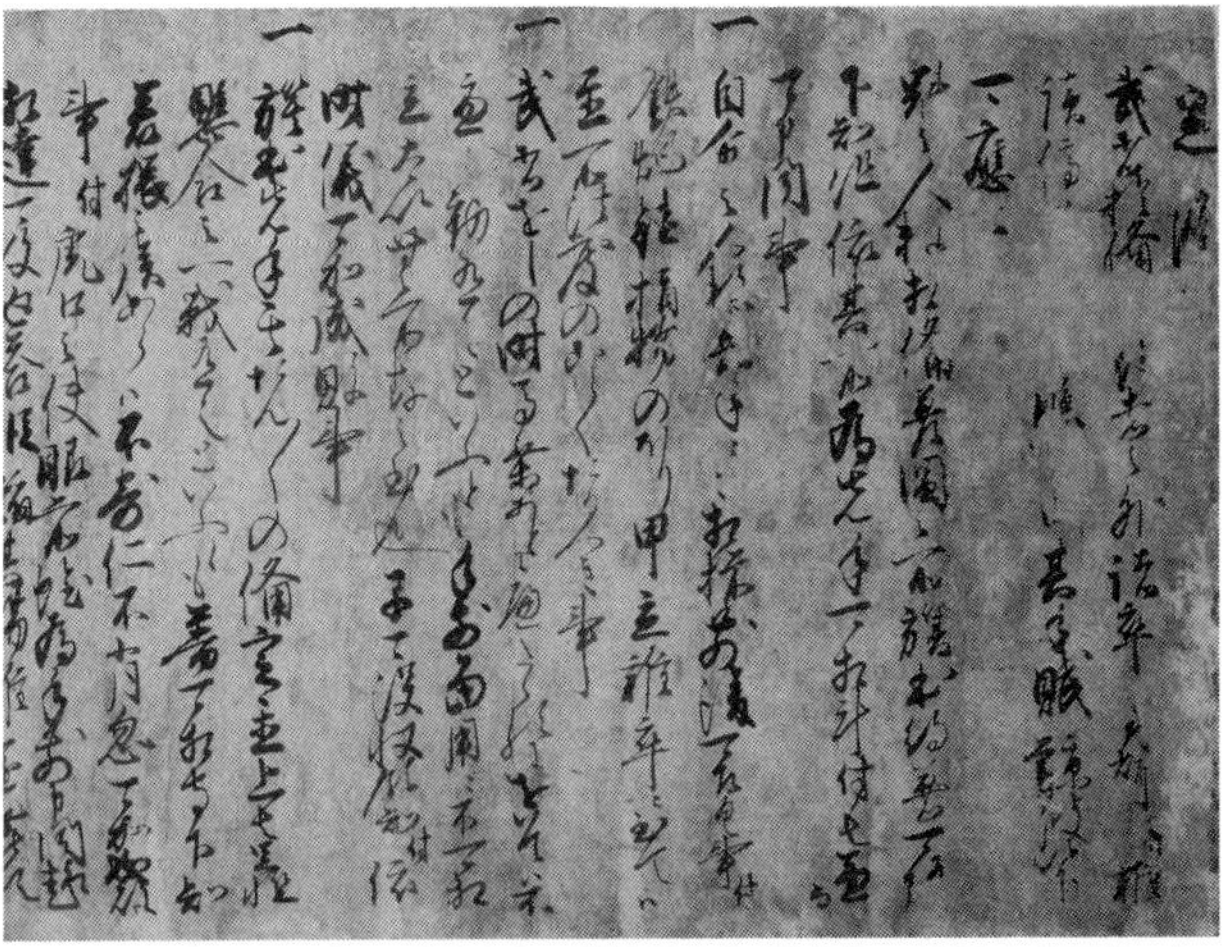

『明智光秀家中軍法』は、『御霊神社文書』と『尊経閣文庫所蔵文書』の2種ある。織田家で唯一残っている軍法である（御霊神社蔵／福知山市教育委員会提供）

規定したものだ。末尾には、「右のように軍役を定めたが、改善点があれば指摘せよ」など、光秀自身の考えが述べられている。織田家中では他にこうした文書がみられないため、織田軍団の編成を知る貴重な史料であるといえる。

もっとも、「後世の創作ではないか」とする意見も根強い。山本《やまもと》博文《ひろふみ》氏は、弓矢の規定がなく実戦的とはいえないなどの理由をあげている。また、当時の一般的な禄高の単位「貫」ではなく、近世以降の単位である「石」が使われていることも不自然である。こうしたことから、山本氏は「明智軍法は江戸時代の軍学者が偽作したもの」と結論付けている。

Q60 良妻だったという光秀の妻「妻木熙子」の実像とは?

松尾芭蕉には「月さびよ　明智が妻の　咄《はなし》せむ」という句がある。越前時代の貧しかった光秀は、連歌会に招いた客人をもてなす費用にも困っていた。そこで妻が自分の黒髪を売り、宴の費用を工面したという伝承が、芭蕉の句のもとになっている。

光秀の正室は妻木熙子《つまきひろこ》の名で知られているが、確実な史料には見えない。輿入れの前、熙子は疱瘡《ほうそう》にかかって顔に痕が残り、美貌が損なわれてしまった。しかし光秀は気にせず妻に迎えたという伝承もある。光秀は生涯にわたって側室を持たず、夫婦仲は睦まじかったという話は有名だが、同時代の史料は乏しく、実像は謎に包まれている。

光秀の妻の墓がある近江の西教寺の過去帳によれば、彼女が天正4年（１５７６）11月7日に死去したという。また、吉田兼見の日記『兼見卿記』には、同年10月10日、光秀が妻の病気の快癒を願って祈祷を依頼した記録がある。24日に平癒したとあるが、その後病状が悪化したのだろうか。同じ年の光秀は、丹波の平定中に黒井城で敗走するなどの心労

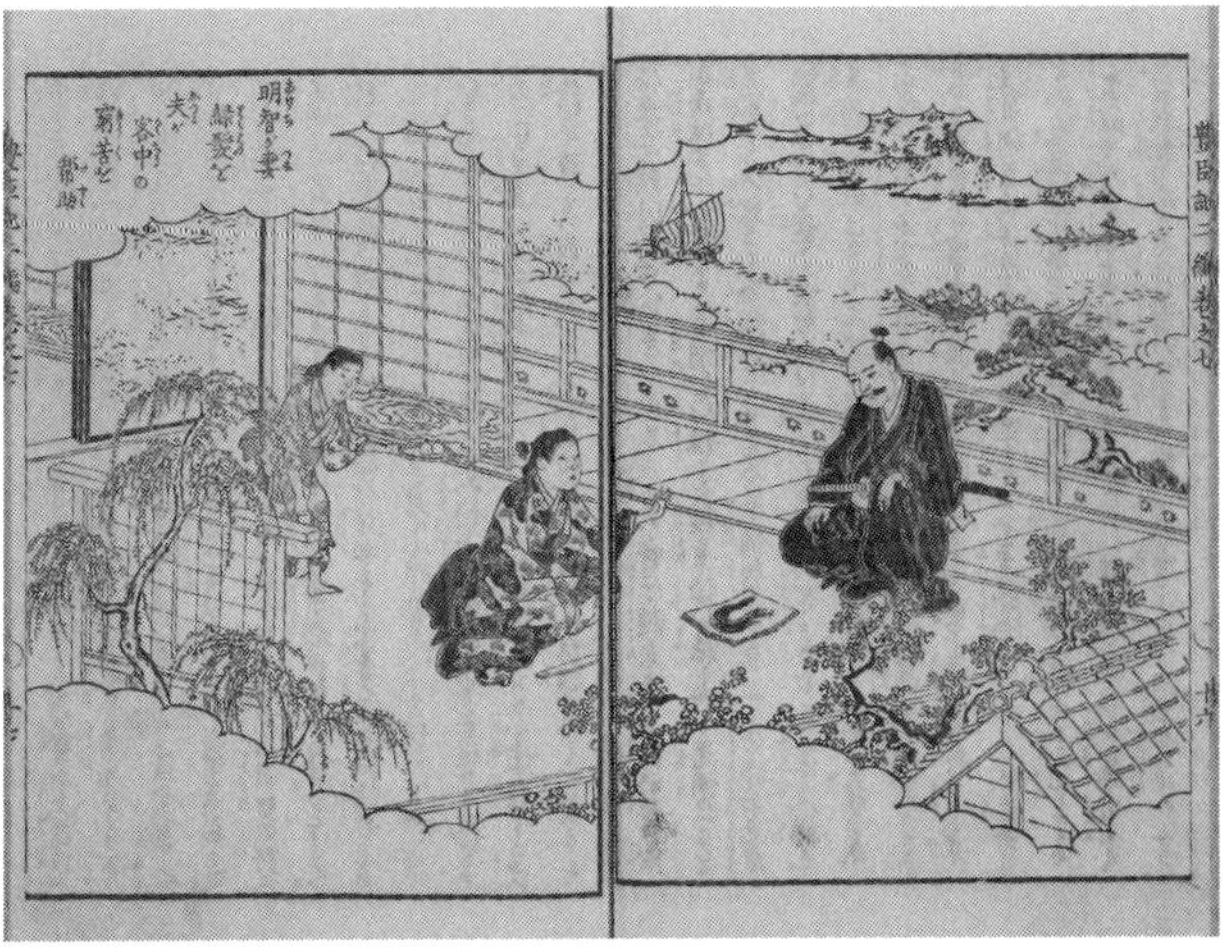

光秀の妻・熙子は、夫を助けるために髪を売って費用を工面したという。『絵本豊臣勲功記』より（国文学研究資料館蔵）

のためか病気がちであった。そのため、妻は光秀の看病疲れから自身が病に倒れ、病死したという説もある。

光秀正室の父は妻木範熙《のりひろ》とされており、「熙子」の名はその一字を取った後世の名付けだろう。範熙は、美濃国土岐郡の妻木城主・妻木広忠《ひろただ》の弟とされる。妻木広忠は光秀の配下として活躍したが、光秀の敗死後に西教寺で自害したという。広忠の孫・頼忠《よりただ》は関ヶ原の戦いで東軍に付き、旗本として家を存続させた。

なお、光秀正室の実家を妻木氏とする文献は『明智軍記』『絵本太閤記』など後世の史料であり、あまり信頼できないという意見もある。

Q61 謎に満ちた光秀の嫡子・光慶 父親は光秀ではなかった?

明智光秀の子どもたちについては同時代史料が乏しく、謎に包まれている。最も有名であろう娘の玉は細川忠興に嫁ぎ、ガラシャの洗礼名で知られる。また、別の娘は織田信長の甥・津田信澄《つだのぶずみ》の正室である。信澄は光秀の女婿という立場が災いし、本能寺の変の直後に光秀の共謀者の疑いを受けて殺されてしまった。

男子については、光秀の書状などに見える「十五郎」が唯一確認できる。『明智軍記』などでは光秀の嫡男を「光慶《みつよし》」としているが、実際の名乗りは不明である。山崎の戦いの後、坂本城落城時に他の光秀の家族とともに命を落としたと思われる。

本能寺の変の直後の天正10年(1582)6月9日付で、光秀は細川藤孝・忠興父子に書状を送っている。光秀に味方せず剃髪してしまった細川父子に対し、出陣を懇願する内容だ。その中に「五十日、百日のうちには、近国を固められるだろう。その後は十五郎や與一郎(忠興)に引き渡し、自分は何も望まない」という意味のくだりがある。光慶の享

明智光秀の関係図

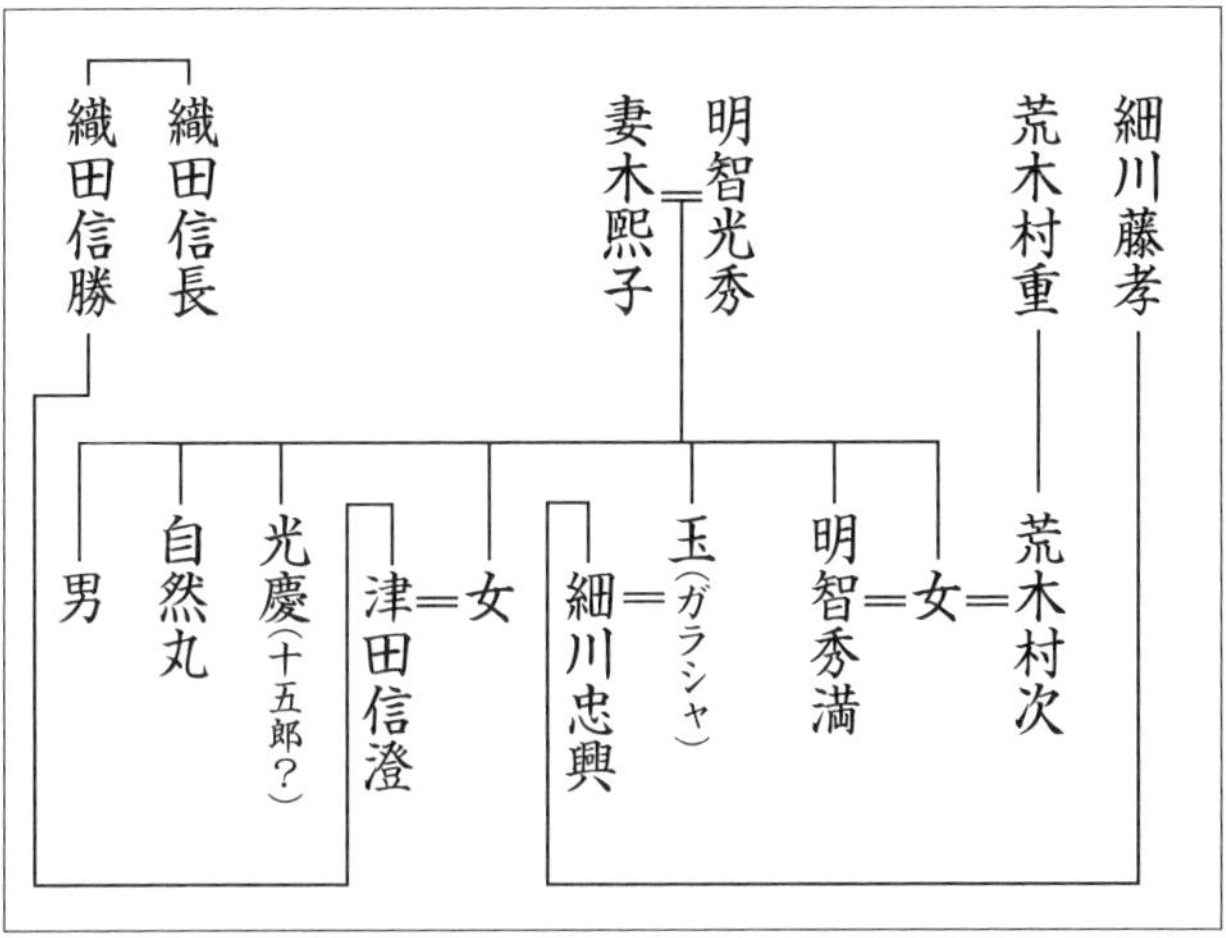

年は不明だが、本能寺の変後の光秀の政権構想に入っていた以上、成人していたことは確かだ。

小林正信氏は『明智光秀の乱』において、光慶は光秀の実子ではないとする大胆な説を提唱した。当時、主君を殺害した者は、正統性を確保するためにしかるべき血筋の者を擁立するのが常識だった。変後の政権構想に光慶を据えるには、彼が世間を納得させる貴種である必要がある、というのだ。小林氏は、「永禄の変で暗殺された足利義輝の遺児を匿った伝承が各地に伝わっている」などの傍証と結び付け、「義輝の遺児が密かに逃れ、光秀に養育された」という結論を導いている。

明智光秀ミステリー

悪人？ 善人？ 明智光秀の人柄に迫る

明智光秀の人となりについては、ルイス・フロイスの『日本史』にある「裏切りや密会を好み、刑を科するに残酷」「忍耐力に富み、計略と策謀の達人」などという人物評が有名だ。もっとも、これは本能寺の変の後に書かれている上、フロイスの人物評はキリスト教に冷淡な人物に対して厳しいことを考慮する必要がある。

光秀の人格を探る上で、見逃せないのが彼自身の手による書状だ。天正元年（1573）、家臣の河嶋《かわしま》刑部丞《ぎょうぶのじょう》に送った書状では「御手養生専用に候」など、戦で手を負傷した家臣への気遣いを見せている（「革嶋《かわしま》家《け》文書《もんじょ》」）。光秀が、家臣の戦傷や病気を気遣った書状は多く、他の織田家臣と比べても異例である。同じ年、光秀は近江の西教寺に、戦死した18人の家臣のため供養米を納めた。その寄進状には、身分の低い中間の名前まで書かれているなど、部下に対し慈悲深い一面がうかがえる。

天正6年（1578）、光秀は連歌師の里村紹巴に宛てて、出陣先の播磨から書状を送った。「ほととぎす　いくたび森の　木《この》間《ま》哉《かな》」などの発句が口をついて出た、といった内容である。ここから見えるのは、戦時にも関わらず風流心を忘れない教養人としての姿だ。

光秀は、儒教的価値観から「主殺しの大悪人」として語られた一方で、所領の福知山では「善政を敷いた名君」として敬愛されてきた。目下の者には優しいが、必要とあらば冷徹にもなれるような、多面的な人物像だったのかもしれない。

4章

本能寺の変にまつわる謎

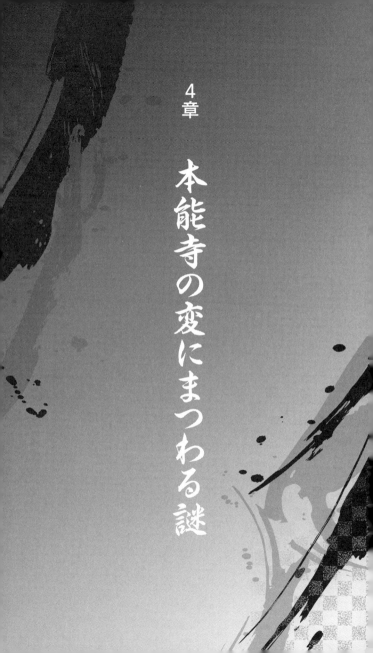

Q62 本能寺の変を知るためにはどの史料を読むのがよいのか?

歴史上の出来事を正しく知るためには、何よりも良質な史料を読むことが必要だ。そこで、まず参照すべきが「一次史料」である。一次史料とは、その出来事と同じ時代に記された日記や書状(古文書)、金石文《きんせきぶん》(金属や石に刻まれた文字)などをさす。本能寺の変の場合、たとえば光秀本人が細川藤孝《ふじたか》・忠興《ただおき》に宛てた『明智光秀書状写』(永青文庫蔵)がある。「変」の7日後の6月9日付で、自分に加勢を懇願する内容を含む一次史料だ。

日記としての一次史料でよくあげられるのが『言経卿記《ときつねきょうき》』である。公家・山科言経による日記で、本能寺の変前日の6月1日、本能寺に集まった公卿たちの名前が言経本人も含めて40人も列挙されている。吉田神社の神主・吉田兼見《かねみ》が記した『兼見卿記』も良質な一次史料だ。「変」直後に光秀のもとへ駆け付けて言葉を交わしたことも記されているあたり、非常に重要といえよう。

その他にも勧修寺晴豊《かじゅうじはれとよ》の日記『晴豊公記』(晴豊記、日々記)、『多聞院日記《たもんいんにっき》』、『宇野主《うのもん》水《ど》日記《にっき》』、『御湯殿上日記《おゆどのうえにっき》』、『蓮成院記録《れんじょういんきろく》』などが一次史料としてよく使われる。

一次史料の欠点は、情報が断片的なことだ。書状や日記という書き物の性質上、それだけでは本能寺の変のあらましがわからないのである。よって、それを補うためには、覚書《おぼえがき》や編纂物（軍記物、家譜）といった「二次史料」が必要となる。

二次史料とは後世になってから、当時の記録、記憶や口伝などをもとに編纂されたものだが、往々にして作者の主君や先祖の顕彰を目的としたものが多い。思い込みや創作も加えてあるため、注意深く読む必要がある。

二次史料の中で重要視されるのが、信長の側近・太田牛一《おおたぎゅういち》の『信長公記』である。本能寺の変の現場にいた関係者からの聞き書きも多く、信頼性が高い。また『本城惣右衛門覚《ほんじょうそうえもんおぼえ》書《がき》』は、実際に明智軍に属して本能寺を襲撃した丹波の土豪が、当時を回想して綴ったものだ。他にも『天正記』に含まれる『惟任謀反記《これとうむほんき》』は良質な二次史料にあげられる。また、ルイス・フロイスの『日本史』、秀吉の伝記である『川角太閤記《かわすみたいこうき》』、『豊鑑《とよかがみ》』などは誤りや偏見も見られ、検証を要するものの、比較的価値の高い二次史料として重視されている。

一次・二次史料の中には、一般の読者が読むには困難なものも多い。ここにあげたような質の良い史料を主な参考文献とした読み物であれば、一読に値するといえよう。

Q63 本能寺の変の原因とされる出来事 信長は光秀を殴ったのだろうか？

「信長はある密室において明智と語っていたが、（中略）彼の好みに合わぬ案件で、明智が言葉を返すと、信長は立ち上がり、怒りをこめ、一度か二度、明智を足蹴にしたということである。（中略）ともかく彼はそれを胸中深く秘めながら、企てた陰謀を果たす適当な時期をひたすら窺っていた」（ルイス・フロイス『日本史』）

本能寺の変の動機とされるものの一つに「怨恨説」がある。光秀が信長に恨みを抱き、謀反したという、ある意味でオーソドックスな説ともいえよう。

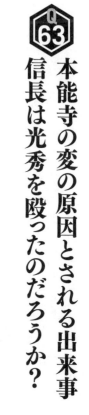

その原因となったのが、信長に打ちすえられたとか、または足蹴にされたというものだ。冒頭に紹介した『日本史』以外にも『明智軍記』『祖父物語』『稲葉家譜』といった複数の二次史料にそのような描写がある。

たとえば『祖父物語』には、天正《てんしょう》10年（1582）3月に武田氏征伐を終え、法華寺《ほっけじ》での首実検の際、光秀が「われら長年、骨折りした甲斐があった」と漏らしたところ、信長は

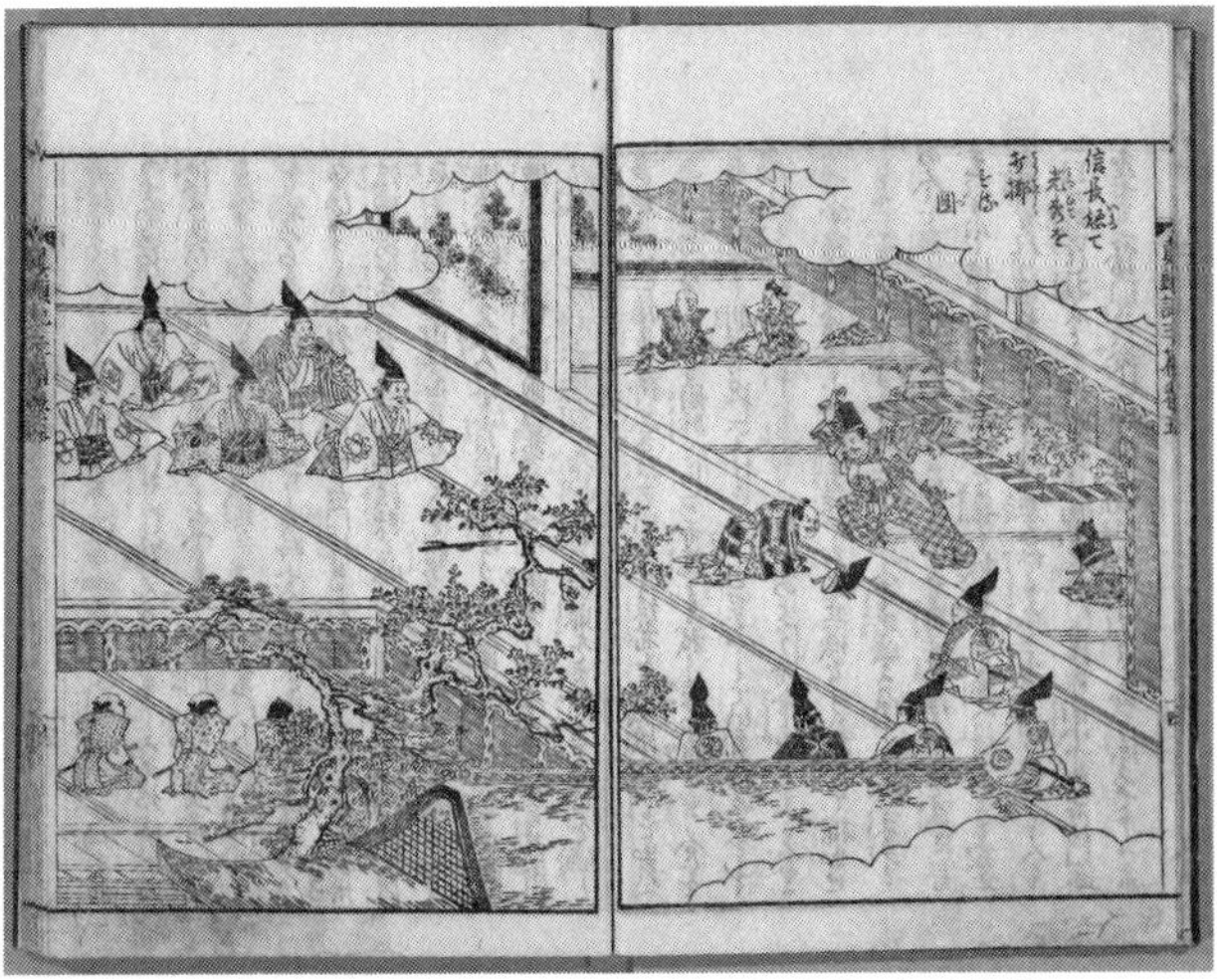
諸将が居並ぶ中で光秀を折檻する信長。『絵本太閤記』より（国文学研究資料館蔵）

「お前がどれほどのことをしたのか」と激怒、光秀の頭を欄干に叩きつけたとある。また『稲葉家譜』には、家臣の帰属をめぐる話し合いがこじれて信長が激昂したとある。ただその時期は史料によって異なる。『祖父物語』では先の首実検中、冒頭の『日本史』では5月の安土城内で、人前ではなく「密室内」の出来事とする点が他の史料とは異なる点だ。

怨恨説が不確かなところは、一次史料にそういった記述が確認できない点であろう。だが二次史料とはいえ、これだけ多くの史料に同種の記述がみられるということは、少なくとも、似通った出来事があったと考えてもよいだろう。

Q64

安土城での家康饗応の場でいったい何が起きたのか？

天正10年（1582）3月、信長は武田勝頼を天目山《てんもくざん》の戦いで破り、滅亡させた。この武田氏征伐において、徳川家康は戦での功績はもちろん、道案内役から凱旋の道中でも、趣向を凝らした「もてなし」を行って信長を喜ばせた。

同年5月15日より、信長はその返礼も兼ねて家康を安土城に招き、饗応した。このとき、接待役を命じられたのが光秀である。光秀は京や堺から調達した珍しい食材を使い、家康一行を3日間にわたって歓待。17日に坂本城へ帰城した。中国地方で毛利氏と交戦中の羽柴秀吉に加勢するよう命じられ、その出陣の準備をするためであった。

以上は『信長公記』にある流れだが、とくに不穏な様子は記されていない。家康の饗応は20日まで続き、丹羽長秀《にわながひで》や堀秀政《ほりひでまさ》らが光秀に代わって接待にあたったとある。

ところが、他の史料では、この雰囲気が一変する。『祖父物語』では光秀が饗応の準備中、急に信長から出陣を命じられ「諏訪より以来御目見え宜しからず。今度御馳走の儀も他人

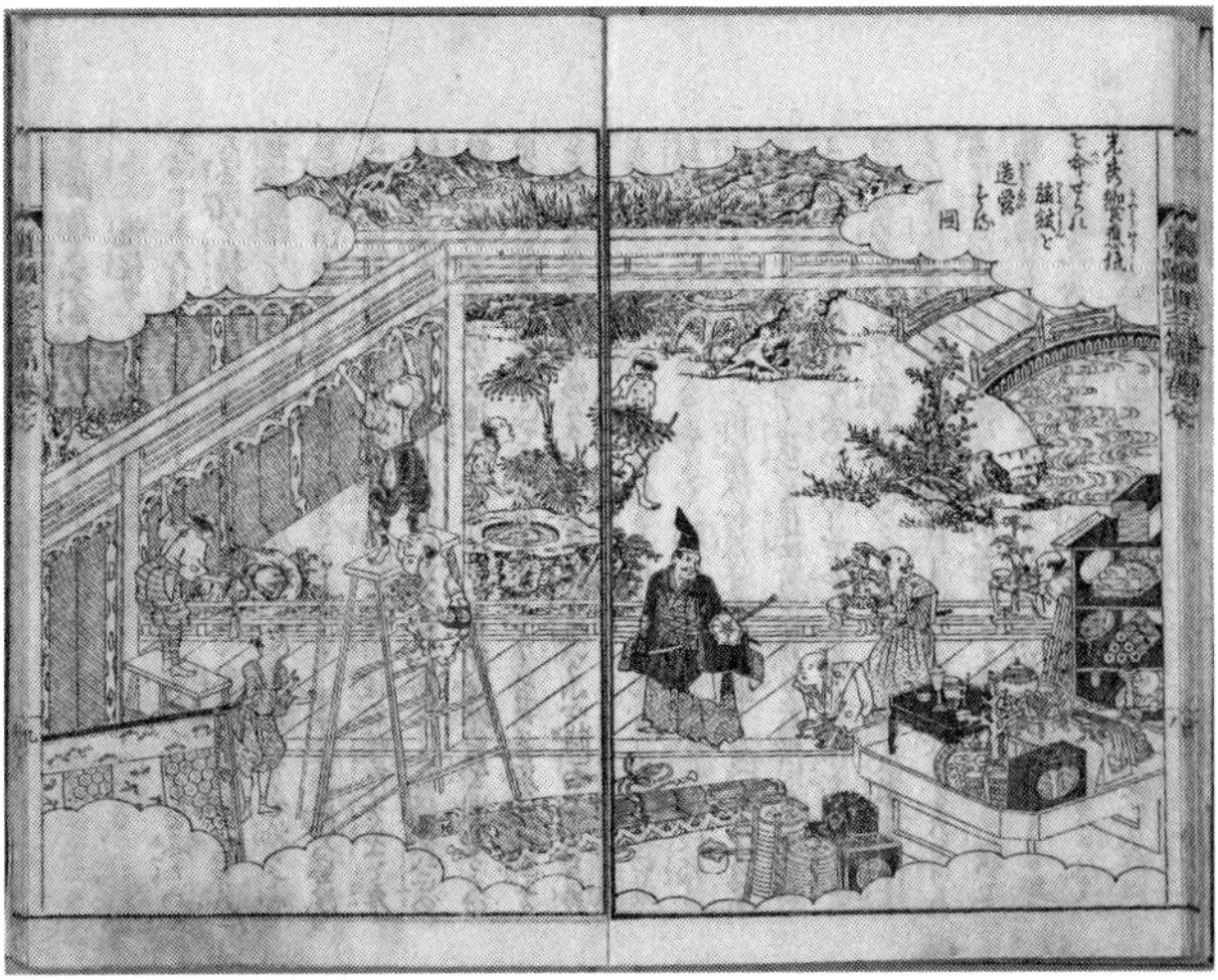

家康饗応の準備をする光秀。『絵本太閤記』より（国文学研究資料館蔵）

に仰せ付けられる」と腹を立て、用意した料理を城下の橋の下へ投げ捨てたとある。『川角太閤記』はさらに様相が激化する。光秀が用意した魚が悪臭を放っていた。それに怒った信長は、家康の宿所を光秀邸から堀秀政邸へ変更させるのだ。暴力の描写こそないが、光秀は「面目失ひ候」と立腹し、料理を堀に捨てた、と記している。

『信長公記』にも、光秀の接待役解任後ながら、城内の摠見寺《そうけんじ》で披露された能の出来が悪く、信長が機嫌を損ねたとの記述がある。とかく不穏な空気の漂う家康饗応の一件は、光秀と信長の関係に何らかの影響を及ぼした可能性も考えられる。

Q65

御小姓衆だけで入京した信長なぜ少ない供回りで京に入ったのか？

「御小姓衆二、三十人召列れられ御上洛」（『信長公記』）。本能寺の変の2日前にあたる天正10年（1582）5月29日、信長はわずかな供回りだけで入京した。『御庫本三河記（下）』には「近習五十騎ばかり」、『当代記《とうだいき》』には「御供之衆わずかに百五、六十騎」と、ばらつきがあるが、軍勢としては心もとない。一つの理由として、信長の入京は極秘裏に、かつ急速に行われたという事情がある。軍事機密だから当然である。信長の出馬は、2日ほど前になってはじめて京にいた息子・信忠《のぶただ》に知らされた。そのため信忠は、予定していた堺下向（家康一行の接待）を取りやめた上で「今日か明日に上洛されるとのことなので、京で待つことにする」と、森乱丸《もりらんまる》（蘭丸）宛てに書状を記している（『小畠文書』）。『信長公記』には「ただちに中国へ出陣せねばならぬので、戦陣の用意をして待機、命令あり次第出陣せよという命令であったから、このたびはお小姓衆以外は随行しなかった」とある。信長自身も6月4日には西国へ出馬予定で、京都滞在は数日間の予定だった。

そこで、小姓衆以外の者には出陣の支度を命じておき、彼らに先駆けて入京したという格好だった。信長は迅速に行動できる最小限の兵力で入京し、それに続く形で三々五々、馬《うま》廻衆《まわりしゅう》（護衛や伝令役）などが京に集結する手はずになっていたのだろう。実際、馬廻衆の菅屋長頼《すがやながより》、福富秀勝《ふくずみひでかつ》などは信長に続いて京へ入ったが、本能寺とは別の宿所に泊まった。側近たちがすべて本能寺に泊まったわけではないことは留意すべき点だ。

西国へ出馬する以外の入京理由には、三職推任問題《さんしきすいにんもんだい》があった。同年5月4日に朝廷から示された関白・太政大臣・征夷大将軍（三職）のいずれかへの就任要請への回答をするためである。天皇からの要請は絶対であるはずだが、信長はその回答を保留していた。入京翌日（6月1日）、信長の宿所である本能寺に公卿らが40人も集まったことが『言経卿記』にあり、朝廷側から何らかの働きかけがあったのかもしれない。

そして、この中国救援軍の主力こそ、丹波亀山城で出陣準備中の光秀率いる1万数千の兵であった。この状況から、信長は光秀に少しの疑いも抱いていなかったと知れる。

信忠からの報せが光秀にも届いていたかどうかは不明だが、重臣という立場上、信長の動きは知らされていただろう。また、吉田兼見などの光秀と親しく、京の情勢に詳しい人びとが、彼に情報を伝えていた可能性もある。

Q66 謀反は光秀だけにあらず信長への裏切りが頻発したのはなぜか？

上洛前から数えると、信長が裏切られたのは実の弟・織田信勝《のぶかつ》（信行《のぶゆき》）や、妹・お市の夫にあたる浅井長政《あざいながまさ》などが端緒といえよう。

上洛以後は15代将軍に据えた足利義昭《あしかがよしあき》が、裏切りの旗手となった。義昭は京を追放されてからも征夷大将軍の地位にあり、その威信を発揮。上杉・浅井・朝倉などに書状を送って決起させ、いわゆる「信長包囲網」を形成して信長を窮地に陥らせた。

信長に二度も反旗を翻した有名な大和の豪族・松永久秀《まつながひさひで》も、足利義昭の呼びかけに呼応した一人だった。しかし、二度とも信長に敗れ、天正5年（1577）10月、居城の信貴《しぎ》山城《さんじょう》で壮絶な自害を遂げた。その理由は、信長が久秀と不仲である筒井順慶《つついじゅんけい》を重用したことで久秀の大和での影響力が弱まり、不満を抱いたものとみられている。

信長に摂津の支配を任された荒木村重《あらきむらしげ》も、天正6年に足利義昭や毛利輝元《もうりてるもと》の誘いに応じて寝返った（『萩藩閥閲禄《はぎはんばつえつろく》』）。『信長公記』によれば信長は「何の不足があってのことか」

と驚いた様子だったとある。播磨攻略に多大な功績のあった村重を信用せず、秀吉を毛利攻めの司令官に据えるなどし、村重を冷遇していたことが原因になったともいう。

このように、主だった者だけで裏切り者は7人を下らない。なぜなのか。それは急速な領国拡大にともなう譜代優遇政策への反発だろう。信長は新たな領地を得ると、秀吉や柴田《しばた》勝家《かついえ》など、尾張や美濃時代から従ってきた譜代の有力家臣に新領地の統治を任せた。在地領主には絶対的服従を求め、国替えも頻繁に行った。そのようにして松永や荒木といった旧来の土豪らの面目を潰す傾向にあり、それが不満となって表れたのである。

信長が裏切られるのは、必然だったのかもしれない。

信長が欲した名器・平蜘蛛を叩き割り自害する松永久秀（都立中央図書館特別文庫室蔵）

Q67 信長が宿泊した本能寺は防衛施設を備えた広大な寺院だった？

現在、京都市中京区にある本能寺は「変」で焼け落ちた後、秀吉が移転のうえ再興したものだ。信長が滞在していた旧本能寺跡は、西南方面へ1・5㎞ほど離れた所にある。旧本能寺は、今では住宅街になっているが、現在の中京区本能寺町という地名にその名を留めている。当時すでに法華宗本門流の大本山として名高い名刹で、信長は本能寺8世住職の日承上人に帰依していた。その関係から上洛寺の定宿の一つとなっていた。

信長が上杉家に贈ったとされる『洛中洛外図屛風』に本能寺周辺も描写されている。本能寺は下京の総惣構えの北側、現在の蛸薬師通《たこやくしどおり》の北側に位置し、周囲を堀と塁壁で囲まれていた。比叡山延暦寺などと対立関係にあったために防衛機能も備えていたのだ。

「変」前日、信長は40人もの公家衆や勅使を迎え入れている。本能寺は、東西一町、南北二町と推測される広大な敷地も有していた（一町＝3000歩）。堀に囲まれた、その境内の中に本堂や主殿、御座所といった建物、塔頭寺院（子院）、厩があったとされる。

油小路通蛸薬師にある旧本能寺跡の碑。現在の本能寺は、豊臣秀吉により移された場所に建つ

明智軍に従軍して本能寺へ一番乗りした下級武士・本城惣右衛門は「それまで本能寺という寺を知らなかった」（『本城惣右衛門覚書』）と記している。その記述によれば、「本能寺へ入ったが、門は開いていて鼠さえいなかった。堂内へ入っても広間に蚊帳が吊ってあるばかりで人がいない。庫裏の方で、下げ髪の白い着物を着た女一人を捕らえたが、侍は一人もいない（以下略）」とある。

当日は信長の供回り数十人や女中たちが寝泊まりしていたが、それでもガランとした状態であったようだ。攻め入った惣右衛門が拍子抜けしたほど、広い境内の防備は手薄だった。

Q 68 本能寺の変が6月2日に起きたのははたして偶然だったのだろうか？

光秀が本能寺襲撃を6月2日に定めたのは、なぜだったのだろうか。突発的に「変」を起こしたのであれば、たまたまこの日になったというだけの話だが、周到に計算したうえで2日に定めたとしたらどうだろう。

信長の京都滞在は5月29日午後から6月4日までの4日間の予定だった。もし仮に1日遅れて、6月3日に信長を討ったとなれば、光秀が頼りにしていたと思われる長宗我部《ちょうそかべ》氏の援軍が見込めなくなる恐れがあった。なぜなら大坂に集結した織田信孝《のぶたか》（信長三男）を総大将とする四国攻撃軍の出陣予定日が6月2日か3日だったからだ。

それを防ぐためにも、信孝の出陣前に信長を倒す必要があった。事実それは成功した。2日の午前中に「変」の一報が伝わると、四国攻撃軍には動揺が広がり、兵の逃亡が相次ぎ、長宗我部軍が淡路洲本城《すもとじょう》の占拠に成功。信孝は大坂に釘付けとなった。

もう一つ、光秀が迅速に信長を倒そうと考えていたと察するに値することがある。それは朝廷から信長に問われていた「三職」推任への回答である。信長は関白・太政大臣・将軍の3つのいずれかに就任する意志を朝廷に伝えねばならなかったが、それが京都滞在中の6月1日から3日の間に行われた可能性がある。『天正十年夏記』にも朝廷の意向として「関東討ち果たし」、つまり先の3月に武田氏を倒した功績を評し、征夷大将軍就任を認めたいと信長に伝えたことが記されている。

仮に光秀が足利義昭の復権を考えていたとすれば、信長の将軍就任によって義昭が将軍を解任される事態を避けねばならなかった。

信長が居城・安土城を出て、入京するという知らせは、前述した通り5月27日付で、京にいる織田信忠に書状で通知された。同じ27日、光秀は愛宕山に登り、愛宕権現に中国戦線での戦勝祈願を行った後、同地に泊まった。おそらく「信忠が京で信長を待つ」という知らせは、光秀にもどこかのタイミングで届けられただろう。

信長と世継ぎの信忠がともに少数の兵で京に滞在するという状況。それを知ったとき、まさに「時は今」と光秀は思ったのであろうか。愛宕山を下りた光秀は29日に亀山城へ戻り、翌1日の夜半、準備を終えて丹波亀山城を出陣した（当時は29日の翌日が1日）。6月2日は、信長父子を仕留めるにおいて、まさに絶好の機会であった。

Q69 堺へ行く予定だった織田信忠はなぜ京都にいたのか？

後世、あまり重く見られないが、信長の息子・織田信忠は天正3年（1575）に織田家の家督を譲られていた。あの長篠の戦いの年である。つまり、このとき以降、織田家の当主は信忠であり、信長はいわゆる大御所的な立場であった。

実際、信長は信忠に軍の総帥の地位を任せており、天正6年（1578）の有岡城《ありおかじょう》攻めでも総大将は信忠であった。天正10年（1582）3月の武田氏討伐も信長は後詰めに徹し、戦闘終結後に信濃・甲斐へ入ったに過ぎない。よって同年6月に予定されていた西国出陣でも、信長は御詰めに徹し、陣頭指揮は信忠がとる予定だったと考えて良いだろう。

5月21日、信忠は父に先んじて安土城を発し、入京した。前日まで饗応を受けた徳川家康も一緒であった。家康への接待は継続中であり、信忠や津田信澄《つだのぶずみ》、丹羽長秀が京から大坂・堺見物まで随行する手はずだった。信忠・家康一行は「二千ばかり」の人数で入京し、四条に宿をとる（『総見院殿追善記《そうけんいんどのついぜんき》』）。接待という名目のためか少人数であった。

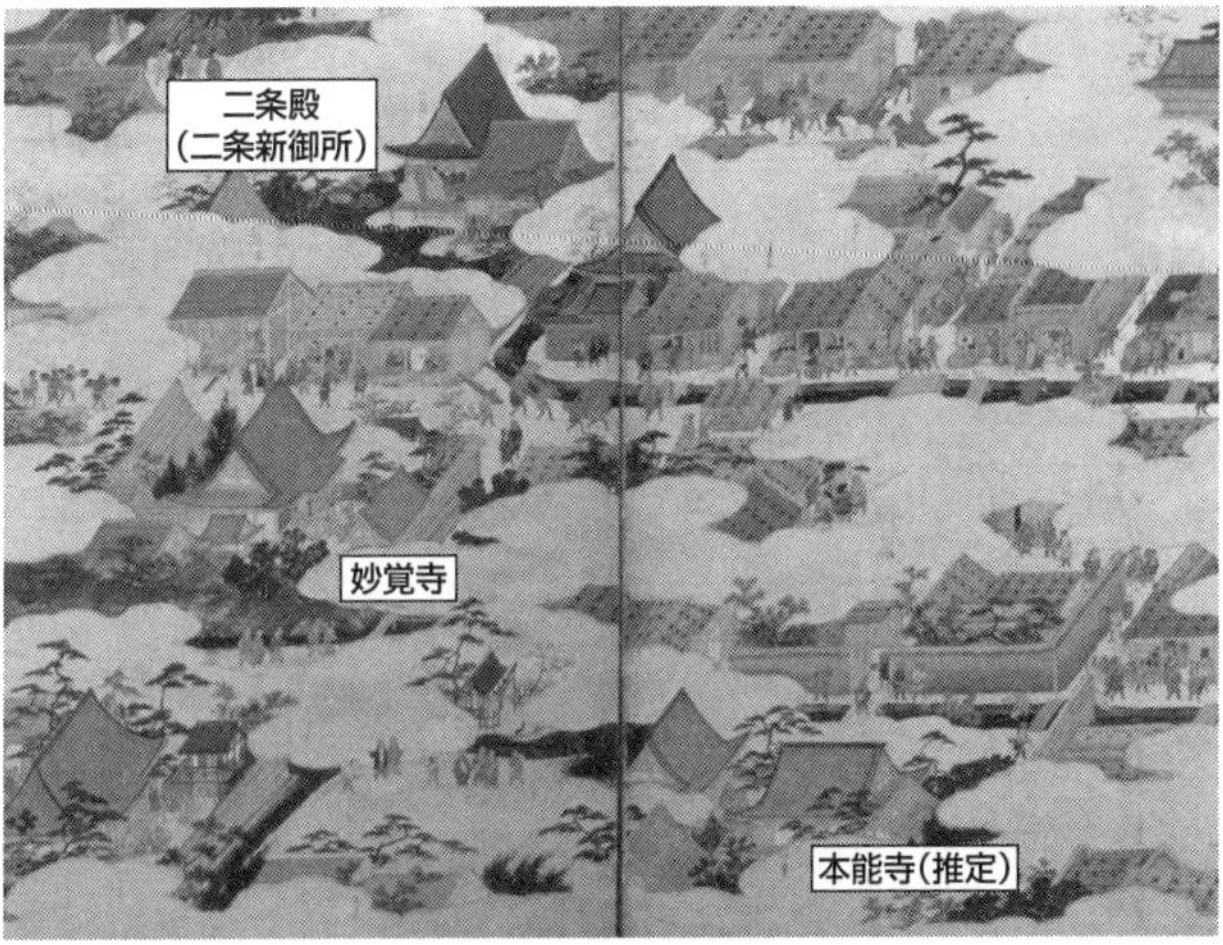

上杉本「洛中洛外図屏風」に描かれた妙覚寺と本能寺（推定）、信忠が最期を迎えた二条新御所（米沢市上杉博物館蔵）

家康は京で盛大にもてなしを受け、28日に京を離れ、29日に堺へ入った。信忠も随行する予定だったが、前述した通り、27日になって信長が入京すると知らされ「京で待つことにする」と、堺行きを取りやめた（『小畠文書』）。以後は信長とともに西国への出陣準備にあたることとなったのか。かくして29日、信忠は京で父を出迎えた。

翌6月1日の本能寺での宴に信忠も出席し、久しぶりに深夜まで父子は語らった（『豊臣記』）。お開きとなり信忠は自分の宿所・妙覚寺（本能寺から北へ約600m）へ帰る。これが信長親子の最後の対面となった。

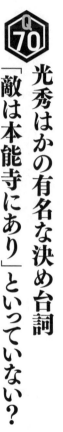

Q70 光秀はかの有名な決め台詞「敵は本能寺にあり」といっていない？

「敵は本能寺にあり！」

本能寺の変を描いた歴史ドラマや小説で、光秀が謀反の意志を公言するときに発するこの台詞。もはや定番化しているぐらいにお馴染みだが、実際には、光秀がこのような号令を下したことを証明する史料はないようだ。

というのも、この元になった台詞が登場するのは、江戸時代の元禄年間に記された『明智軍記』のみ。それ以前に記された軍記物『甫庵信長記《ほあんしんちょうき》』『甫庵太閤記』『川角太閤記』など、いずれにも、そういった台詞は出てこない。

『明智軍記』は光秀の唯一といっていい伝記なのだが、光秀の死後１００年ほど経てから書かれたもので、先行史料と比較できない独自の記述が多い。よって史料的価値は高くないとみられている。

その『明智軍記』にしても「敵ハ四条本能寺・二条城ニアリ」という台詞で、いささか

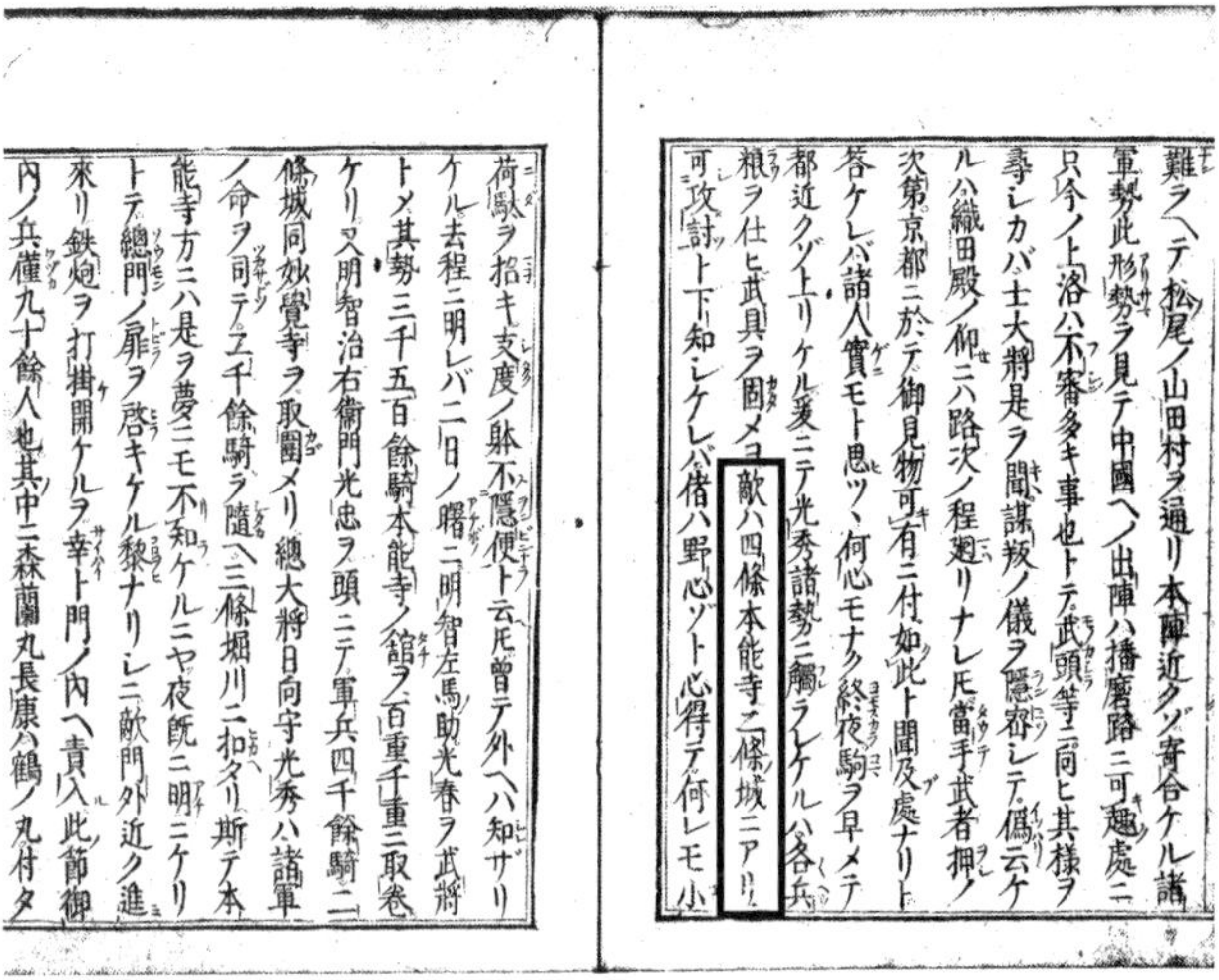
難ヲヘテ松尾ノ山田村ヲ通リ本陣近クゾ寄合ケル諸
軍勢此形勢《アリサマ》ヲ見テ中國ヘノ出陣ハ播磨路ニ可趣處ニ
只今ノ上洛ハ不審《フシン》多キ事也トテ武頭《モノガシラ》等ニ問ヒ其様ヲ
尋シカバ士大将是ヲ聞謀叛ノ儀ヲ隠密シテ偽《イツハリ》云ケ
ルハ織田殿ノ仰《セ》ニハ路次ノ程廻リナレ氏當手武者押ノ
次第京都ニ於テ御見物可有ニ付如此ト聞及處ナリト
答ケレバ諸人實《ゲニ》モト思ツヽ何心モナク終夜駒ヲ早メテ
都近クゾ上リケル爰ニテ光秀諸勢ニ觸ラレケルハ各兵
粮ヲ仕ヒ武具ヲ固メヨ敵ハ四條本能寺二條城ニアリ
可攻討ト下知シケレバ偖ハ野心ゾト心得テ何レモ小
荷駄《ニダ》ヲ招キ支度ノ躰不隠便ト云氏曽テ外ヘハ知ザリ
ケル去程ニ明レバ二日ノ曙ニ明智左馬助光春ヲ武将
トシテ其勢三千五百餘騎本能寺ノ舘《タチ》ヲ百重千重ニ取巻
ケリ又明智治右衛門光忠ヲ頭ニテ軍兵四千餘騎二
條城同妙覺寺ヲ取圍メリ總大将日向守光秀ハ諸軍
ノ命ヲ司テ五千餘騎ヲ隨ヘ三條堀川ニ扣タリ斯テ本
能寺方ニハ是ヲ夢ニモ不知ケルニヤ夜既ニ明ニケリ
トテ總門《ソウモン》ノ扉《トビラ》ヲ啓キケル黎ナリシニ敵門外近ク進
來リ鉄炮ヲ打掛開ケルヲ幸《サイハイ》ト門ノ内ヘ責入此節御
内ノ兵僅《ワヅカ》九十餘人也其中ニ森蘭丸長康ハ鶴ノ丸付タ

『明智軍記』に書かれた「敵ハ四条本能寺・二条城ニアリ」（国文学研究資料館蔵）

ニュアンスが異なっている。つまり、光秀は高らかに信長を討つと宣言したのではなく、将兵に対して敵の居場所を四条（信長）、二条城（信忠）と細やかに指示を与えたようにも読めるため、光秀の周到な性格を表すともいえよう。だが、信忠は最初から二条城（二条新御所）にいたのではなく、本能寺からそう遠くない妙覚寺にいた。

信忠は光秀の謀反を知って妙覚寺を出てから、慌てて二条城に立て籠もったのだ。つまり、『明智軍記』の著者はその事実を知らなかったか、後づけで「四条本能寺・二条城」と書いたとみられ、図らずも史料の信憑性を下げてしまった。

Q71 信長の最期の言葉「是非に及ばず」はあきらめの言葉ではない？

光秀の軍が本能寺を包囲し終えたのは、6月2日の午前5時から6時であった。

「是《こ》れは謀叛か、如何なる者の企てぞと、御諚《ごじょう》のところに、森乱（森乱丸）申す様に、明智が者と見え申し候と言上候へば、是非に及ばずと、上意候」（『信長公記』）

信長が最後の勇戦に臨む際に発した「是非に及ばず」とは、長く「やむを得ない」「仕方ない」といった、諦観の念の表れといわれてきた。だが、それに続いて「上意候」（命令）とある。「こうなっては是も非もない、行動せよ」と指示を与えたことを意味する。

実際、信長はすぐに自刃せず、自ら弓や槍を手に小姓たちとともに奮戦を見せている。幾度も修羅場を潜った歴戦の将であれば、応戦して活路を見いだすという選択をしたとしても不自然ではないように思われる。

信長の最期の言葉は「女どもは苦しからず。急ぎ罷《まか》り出でよ」という指示で寺を出た女性たちから太田牛一が聞いて『信長公記』に記したといわれ、真実味が漂う。

Q72 自害なのか焼死なのか 信長の最期はどのようなもの？

「是非に及ばず」の言葉を残し、光秀勢と奮戦を繰り広げた信長。その最期の様子は史料によって様々な形で描かれている。

「信長は、初めは弓を取り、二つ三つと取り替えて弓矢で防戦したが、どの弓も時がたつと弦《つる》が切れた。その後は槍で戦ったが、肘に槍傷を受けて退いた。（中略）すでに御殿に火をかけられ、そばまで来た。信長は敵に最期の姿を見せてはならぬと思ったか、中奥深くへ入り、内より御南戸の口を閉め、無情にも御腹めされた」（『信長公記』）

「薙刀という鎌のような武器を振り回し、腕に銃弾が当たるまで奮戦したが、奥に入り、戸を閉じた。ある人は日本の大名にならい割腹して死んだといい、ある人は御殿に放火して生きながら焼死したという」（『イエズス会日本年報』）

他、細川家の記録『忠興公譜』には「畳二帖を山形に立て、その中に潜り『さい』という女房から手燭を受け取り火をつけ焼死」と、一風変わった最期が記されている。

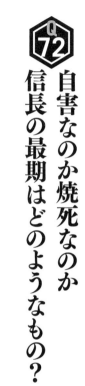

Q73 発見されなかった信長の遺体はいったいどこへ消えたのか？

首尾よく信長を死に追いやった光秀だが、肝心の信長の遺体が見つからなかったことで計画に狂いが生じた。焼け落ちた寺の残骸から何者かの遺体を探し当てるのは困難を極めたはずだ。見つけていても本当に信長のものか判別できなかっただろう。だが、もし光秀が検分する前に遺体が持ち出されていたとしたら、見つからないのも無理はない。実際、信長の墓と称される碑は多く、どこかに信長の骸が眠っているかもしれない。

その一つ、阿弥陀寺《あみだじ》（京都市上京区）に残る『信長公阿弥陀寺由緒之記録』によれば、側近らは自害した信長の遺体を運び出し、藪の中で火を起こし、荼毘に付そうとしていた。そこへ阿弥陀寺の住職・清玉《しょうぎょく》上人（尾張出身で織田家ゆかりの僧）が駆け付け、信長の首だけを持って脱出し、阿弥陀寺に帰ると土中深く隠したという。

西山本門寺（静岡県富士宮市）にも信長の供養碑が建つ。その寺伝にも「変」の折、本能寺にいた本因坊算砂《ほんいんぼうさんさ》の指示で、信長の首を寺に運んで供養したという記載がある。

Q74 森乱丸以外の家臣たちは明智勢とどう戦ったのか？

『信長公記』に「御小姓衆は敵勢に打ちかかり打ちかかりして討死した」とある通り、信長主従は果敢な戦いぶりを見せたようだ。

信長のいる御殿に迫った光秀軍に、離れにあった厩《うまや》から斬り込んだ一隊がいた。馬廻衆の一員で馬術に長けた矢代勝介《やしろしょうすけ》、安土城下での相撲大会で活躍し、家臣に取り立てられた伴正林《ともしょうりん》、村田吉五《むらたきつご》などである。彼らは真っ先に戦って討ち死にした。その他、中間衆の者らを合わせて24人が厩で討死している。信長がいた御殿の中では、森乱丸の弟である力丸《りきまる》、坊丸《ぼうまる》をはじめ、菅屋角蔵《すがやかくぞう》（馬廻衆指揮官・菅屋長頼の子）、魚住勝七《うおずみしょうしち》（馬廻衆・魚住隼人《はやとの》正《しょう》の一族）など織田家譜代の家臣の子弟たちも多かったが、26人が討死。台所口では高橋《たかはし》虎松《とらまつ》がしばらく敵勢を押しとどめ、比類ない働きを見せたという。

だが多勢に無勢、「即時に前右府《さきのうふ》（信長）打死」（『言経卿記』）とあるため、本能寺での戦闘自体は1時間に満たずに終わったと思われる。

Q75 織田信忠はなぜ逃げずに劣勢でも戦うことを選んだのか？

信忠の宿所だった妙覚寺（現在の京都・妙覚寺は別の場所に再建）は、旧本能寺から北へ600mほど離れていた。歩けば10分とかからない距離である。

ルイス・フロイス『日本史』によれば、彼は本能寺の変のとき、まだ床《とこ》の中にあった。急報後、ただちに500の手勢を連れて本能寺へ急行しようとしたが、そこへ駆け付けた信長重臣・村井貞勝《むらいさだかつ》に近づけないほどの明智軍が寺を取り巻いていると知らされ、彼の勧めで二条新御所（天皇の御所や現在の二条城とは異なる）へ移り、立て籠もった。

本能寺が炎上後、新御所への攻撃がはじまった。信忠には逃げようと思えば逃げられる時間があったし、撤退を進言する者もいた。実際、信長の弟・織田長益（有楽斎）、前田玄以《まえだげんい》らは逃げ延びている。しかし、信忠は「これほどの謀反、敵は我々を逃がしはしまい。途中で雑兵の手にかかって討たれるは後世の物笑いになり無念である」と踏み留まり、奮戦して自刃した。「敵兵十七、八人を斬り伏せた」（『総見院殿追善記』）との記録もある。

誠仁親王の住居で、信忠が籠もった二条新御所跡の碑。もとは二条摂関家の邸宅を改修したもののため、二条の名で呼ばれる

永禄12年（1569）、六条本圀寺に籠城した足利義昭が、三好軍に包囲されながら持ちこたえた例もあった。信忠はどうにか1日か2日ほど持ちこたえて援軍を待つという判断をしたのだろう。父・信長も明智光秀の襲撃に際し、逃亡を一切考えなかったように、父子の思考は似ていた。ともに武士らしい潔い散り様ではあった。

結果論ではあるが、もし信忠が落ち延びていれば、各地に散っていた織田軍の部将たちや信雄、信孝が迷いなく加勢し、たやすく父の仇討ちができていただろう。信忠が存命すれば、織田の天下が長く続いた可能性は充分にあった。

Q76

織田家重臣の筆頭である柴田勝家はどこで何をしていた？

光秀が本能寺の変を決行できたのは、いうまでもなく京都にいる信長の手勢がわずかだったからだ。秀吉をはじめとする信長を支えてきた有力部将らの軍は、北陸・中国・関東・四国方面に分散していたためである。

その一角、北陸方面軍を率いていたのが重臣筆頭格の柴田勝家以下、佐々成政《さっさなりまさ》・前田利家・佐久間盛政《さくまもりまさ》らであった。佐々、前田は与力とはいえ、それぞれ越中、能登一国を治める国持ち大名。北陸方面軍の総兵力は2～3万を下らなかっただろう。

当時、勝家らの任は加賀平定に向け、加賀一向一揆勢と激戦を展開。天正8年（1580）末に一揆勢を下し、能登・越中を支配下に収めた。その後は越後を拠点とする上杉景勝と領地を接することとなり、本能寺の変当時は上杉軍との戦いに臨んでいた。

天正10年（1582）3月には越中東方の魚津城を包囲し、3か月にわたる激戦の末、上杉軍を破った。6月3日に総攻撃をかけ、魚津城を制圧した。光秀の謀反など露知らぬ

本能寺の変時点での織田軍団の状況

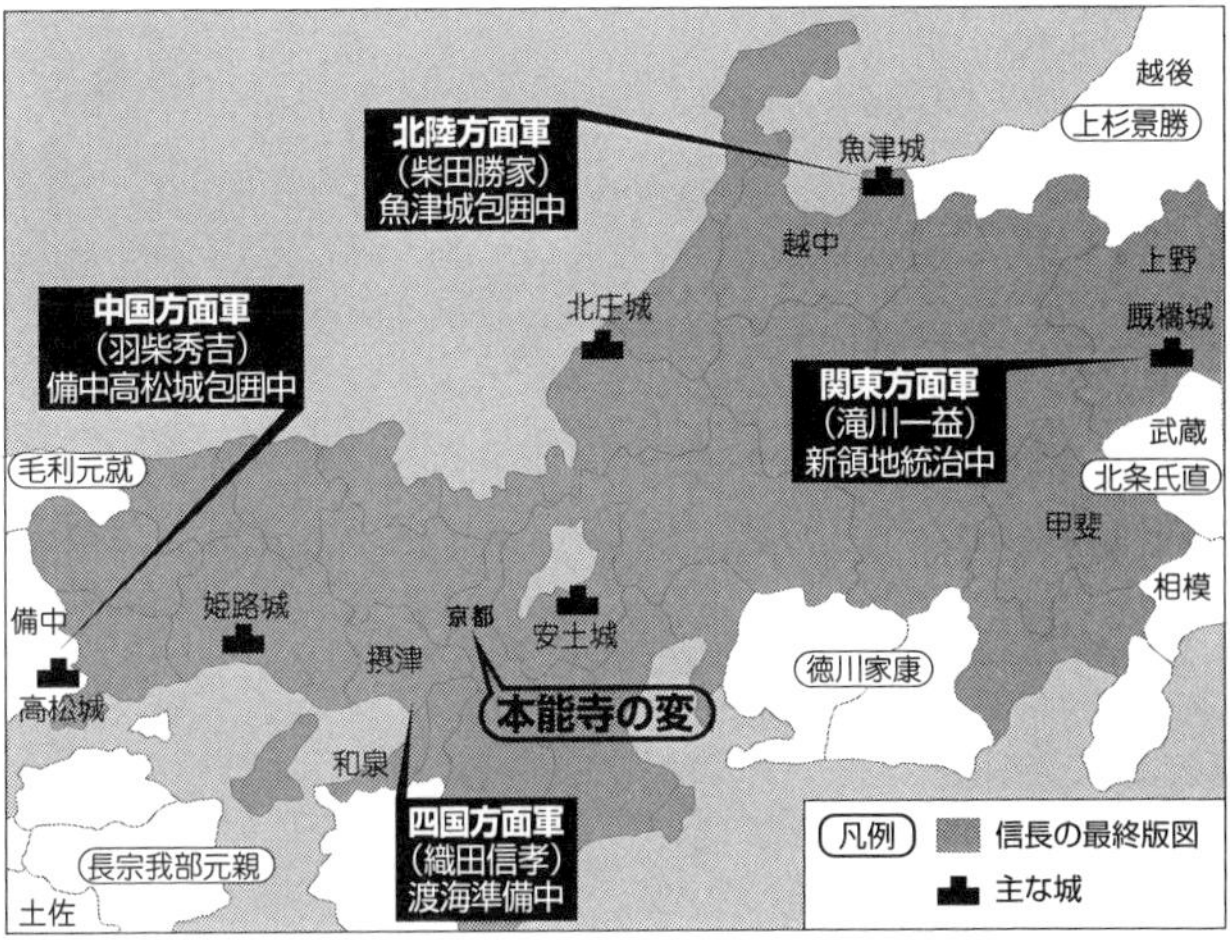

勝家は、意気揚々と味方をねぎらっていただろう。そこへ、いつ「変」の報せが届いたのかは不明だが、6月8日に上杉景勝が家臣に記した手紙に「柴田たちがことごとく敗軍した」（『別本歴代古案』）とあり、6月4日から6日頃までには知らせを受けていたようだ。

8日以降、勝家は撤退にかかり、越前・北ノ庄城へ帰還する。しかし、織田軍撤退を知った上杉軍の働きかけで、越中・能登の国衆が不穏な動きを起こした。勝家はその対応に追われ、すぐには兵を西へ向けられなくなる。18日になって近江へ出た頃には、すでに秀吉が弔い合戦（山崎の戦い）を終えた後だった。

Q77 羽柴秀吉はなぜ毛利とすぐに講和できたのか？

去る5月8日から備中高松城を水攻めにしていた羽柴秀吉の中国方面軍の陣中に、本能寺の変の報がもたらされたのはいつか。「三日の晩に相聞え候」「同四日に注進ござ候」（いずれも『浅野家文書』）とあり、6月3日の夜か4日という二説に分かれる。いずれも秀吉自身が記した手紙のため、3日の夜から4日未明にかけてのことに違いない。

仰天した秀吉は情報を秘すため、報告者である飛脚の身柄を「一間へ押し込め、誰にも会わせるな」と、家臣・蜂須賀正勝《はちすかまさかつ》に預けたと『川角太閤記』は記す。

幸いだったのは、毛利軍との和睦交渉が信長の死を知る前から行われていたことだ。すでに1か月近くにおよぶ持久戦に、高松城は落城ムードが漂っていた。秀吉はさっそく最終交渉に乗り出し、3日深夜から4日にかけ、蜂須賀正勝に調整を行わせた。すでに毛利方から因幡・美作・備中・伯耆の割譲が示されていたが、秀吉方は一刻も早く成立させるべく、伯耆半国と備中の大半を毛利方に差し返して交渉を終わらせた。4日の巳刻（午前

備中高松城跡に立つ清水宗治の首塚。「浮世をば　今こそ渡れ　武士（もののふ）の　名を高松の　苔に残して」との辞世を残して自刃した宗治は、後に武士の鑑と讃えられた

9時～11時）には、高松城主の清水宗治《しみずむねはる》が城兵らの身代わりとなって果てた。

だが、秀吉は慎重だった。すぐに撤退すれば追撃を受ける可能性があったからだ。しばらく対峙が続いた後、約定どおり、5日になって毛利軍が引き揚げていったのを確認してから自軍にも撤退を命じた。このとき、毛利軍にも「変」の報は届いていたが、たとえ秀吉軍を破ったとしても、上方で明智や柴田などを敵にまわすことになる。しばらくは静観し、経過を見た方がいいとの考えから追撃しなかったという（『萩藩閥閲録』）。こうして、北陸方面軍とは対照的に、秀吉は「中国大返し」を開始できたのである。

Q78 関東方面軍の滝川一益はいつ事件を知った？

各方面に散っていた織田軍団のうち、最もその運営に苦労していたのは、関東方面軍を率いていた滝川一益だったのではないだろうか。天正10年（1582）3月、武田氏滅亡から、わずか2月ほどしか経っていない中、一益は上野《こうずけ》の厩橋《まやばし》（前橋）に本拠地を置き、関東一帯の支配に力を注いでいた。その関東最大の勢力が、直前まで武田氏と激しい勢力争いをしていた小田原北条氏であった。北条氏政は表向き信長と同盟を結んで従っていたが、その関係は絶対とはいえない。他の関東や甲信の国衆も同様で、情勢が動けばいつ離反しても不思議ではなかった。その上、一益は伊達氏や蘆名《あしな》氏など陸奥方面の大名も従わせるという任務も帯びていた。ただ、それにはまだ時間がかかり、任務の重大性に対し、2万足らずの兵では心もとない限りであった。

上野の一益のもとに「変」の報が届いたのは、6月9日のことだ（『石川忠総留書《いしかわただふさとめがき》』）。北条氏が知ったのは11日（『高橋一雄氏所蔵文書』）というから、関東方面には伝達が遅れた

滝川一益と北条氏が戦った神流川古戦場跡の碑。侵攻してくる北条方5万を、1万8千の兵力で迎え討った滝川一益は、激戦の末に敗退し、その後は没落していく

のであろう。北条氏政は信長が怖かっただけで一益に服していたわけではないから、すぐに上野攻撃の兵をあげた。その数は6万に近かった。19日より神流川《かんながわ》の戦いで激突した両軍であったが、味方である上野の国衆は士気に乏しく、一益は大敗を喫してしまう。

　多くの兵を失った一益が困難を乗り越え、ようやく美濃まで辿りついたのは、6月28日のことであった。とうに「山崎の戦い」が終わり、その前日には清須城で秀吉や柴田勝家らが織田家の後継者を決める「清須会議」が開かれていた。一益はそれに出席することも叶わず、織田家重臣としての影響力を失ってしまう。

Q79 摂津で出撃準備中の四国方面軍はなぜ光秀を討たなかったのだろうか？

信長が入京した日と同じ5月29日、四国方面軍は摂津住吉に着陣し、長宗我部氏討伐の準備を進めていた（『宇野主水日記』）。その総大将は信長の3男・信孝であった。前年の京都御馬揃えにおいては、兄の信忠・信雄《のぶかつ》、叔父の信包《のぶかね》に次いで第4位の序列が与えられていた。次兄・信雄を差し置いて四国攻めを任されている通り、信孝には父の信長から大いに期待がかけられていた。

また、家康の接待を終えたばかりの丹羽長秀・津田信澄・蜂屋《はちや》頼隆《よりたか》らが方面軍の副将として大坂周辺に待機していたから、畿内では明智軍を超えて最大を誇る勢力であった。

しかし、出陣を翌日に控えた6月2日の夜、信長と信忠が光秀に討たれたとの情報が飛び込み、陣中は大混乱に陥った。『イエズス会日本年報』によれば、1万人程度いた信孝直属の兵の大半は逃げ散ってしまったという。なまじ京に近いがために情報伝達が早く、それが錯綜してしまって収集がつかなくなったのだろう。

それでも信孝は必死で残兵を集め、6月5日には大坂にいた丹羽長秀と合流し、近くに布陣していた津田信澄に兵を向けた。信澄は光秀の娘婿であるため、光秀に加担していると見たのである。信孝は首尾よく信澄を討ち、その首を堺の町にさらした。そこまでは良かったが、以後は目立った動きもできず、情勢を見守るのみに留まった。

信孝のそばには柴田勝家と並ぶ地位にあった丹羽長秀がいたが、このとき、自前の兵力は少なく、信孝の残兵と合わせても光秀軍に勝てる望みは薄かった。必然的に秀吉軍の畿内到着を待つ形となったのであろう。6月11日、秀吉が軍を返して摂津尼崎に戻ってきたとき、信孝は出向いて彼と会見し、やっと光秀打倒の軍に加わる形となるのである。

『続英雄百人一首』に描かれた織田信孝。秀吉と対立し、最期は切腹した。その際に内臓を投げつけたと伝わる掛け軸が残る（国文学研究資料館蔵）

Q80 信長が築きあげた天下の名城 安土城は誰が燃やしたのか？

「日比《ひび》の蓄《たくわ》へ、重宝の道具にも相構はず、家々を打捨て、妻子ばかりを引列《ひきつ》れ引列れ、美濃尾張の人々は本国を心ざし、思ひ思ひにのかれたり」

本能寺の変当日の安土城混乱の様子を『信長公記』は、そう伝える。留守を預かっていた蒲生賢秀《がもうかたひで》は、城内にいた信長の母・土田御前《どたごぜん》ら女房衆を護衛、近江日野城へ退去させた。このとき、城を焼くよう勧められたが「蒲生の一存では畏れ多い」とかぶりを振った。

その後、光秀は安土城へ入城。8日には安土を離れ、再び京へ向かったが、13日に山崎で秀吉に敗れ落命してしまう。安土城には光秀の養子・明智秀満（別名・左馬助とも）がいたが、山崎で父が敗れたことを知り、近江坂本城へ急行。『甫庵《ほあん》太閤記』は、その際に彼が安土城に放火したと記す。中世の文献に将が落ち延びる際に城を焼く「自焼没落《じしょうぼつらく》」という言葉があるが、それに倣ったというわけだ。だが、フロイスの『日本史』では秀満が退去した後、信長の次男・信雄が入城し、放火したとある。「普通より智恵が劣っていたので、

焼失した安土城の黒金門跡。城跡には往時を偲ばせる石垣などの遺構が残るのみである。なぜ焼失したのか、その謎はいまだに解明されていない

何らの理由もなく邸と城を焼き払うよう……」と偏見をもって記す。

しかし、『安養寺文書』には、信雄より先に蒲生氏郷《うじさと》（先に退去した賢秀の子）が先に入城していた記録がある。その後に信雄が来たため、氏郷は城を明け渡した。感謝して受け取ったであろう信雄が放火したとは思えない。一次史料で唯一、安土城の炎上を記しているのは『兼見卿記』六月十五日条「安土放火云々、自山下類火云々」である。15日に山下（麓）から類焼し、燃え広がったといい、放火とは記されていない。信雄の兵などが城下で略奪を働き、そこから火が出て山上へ燃え広がった可能性もある。

Q81 光秀の信長討伐の理由は信長父子の悪虐を阻止するため？

武将たちが事をなすには大義が必要であった。それなくして、人は付いてこないからだ。信長を討った当日、光秀が美濃野口城の西尾《にしお》光教《みつのり》に対して協力を要請した書状の写し（『武家事紀』所収）が残っている。

「父子の悪虐は天下の妨げ、討ち果たし候。其の表の儀、御馳走候て、大垣の城相済まさるべく候（以下略）」とある。光秀が信長父子を討ったのは「悪虐を糺《ただ》すため」であったとする。つまり大義といえるものが、この文書には、はっきりと記されている。

変後、安土城を一時占領した光秀は、誠仁親王《さねひとしんのう》が派遣した勅使の吉田兼見を迎えている（『兼見卿記』）。用件は京都の治安維持を要請するものであった。光秀と兼見は親しい間柄でもあり、公務以外にも色々な話をしたようだ。「今度謀反の存分雑談なり」と、兼見は日記（『兼見卿記 別本』）に書いている。光秀から洗いざらい、事情を聞いたのかもしれない。

一体どんな話が行われたのか。具体的には何も書かれていないが、兼見は後に光秀関連

明智、細川、吉田家のつながり

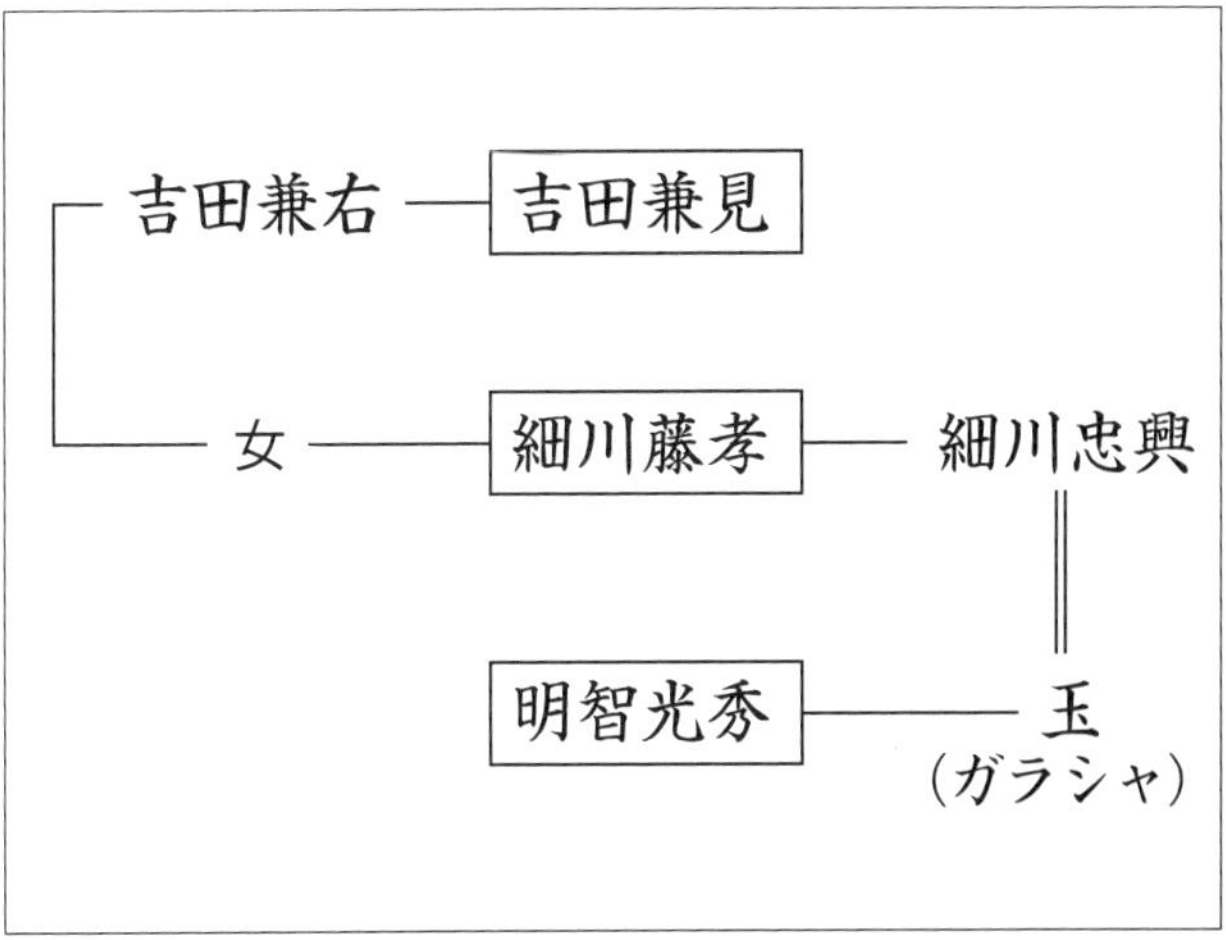

の記述を日記から削ったとか、書き改めたともいわれる。そのままにできない内容だったのか、光秀との関係を示すこと自体が危ういものだったかもしれない。

もう一つ、光秀は細川藤孝に宛てた書状で「我らが不慮の儀（予想外のこと）を決意したのは、忠興などを取り立てるためで別の考えからではない」（『細川家文書』）と弁明した。多くの者にとって、本能寺の変が予想外だったことを示す貴重な記述である。光秀自身もそう書くぐらいだから、一言では説明しきれなかったのだろう。その危うさが、ひいては「光秀には大義がない」と、諸人に受け取られてしまったのかもしれない。

Q82 秀吉の中国大返しはじつは普通のスピードだった？

世にいう秀吉の「中国大返し」は、その脅威的なスピードで敵味方を驚かせ、あたかもそれが光秀敗北の原因であったように語られる。だが、秀吉が出した織田信孝宛ての書状などから検証すると、行軍自体は「奇跡」というほどの速度ではなかったようだ。

日程には諸説あるが、撤退初日の6月5日（6日という説も）は、高松城から沼城まで約23㎞を進んだ。東京の品川区から横浜間ぐらいの距離で、当時の人であれば普通に歩く距離である。行軍速度を時速5㎞だとすると、4〜5時間で到着したはずだ。秀吉ら一部の身分の高い者は乗馬するが、徒歩の者に合わせると、そのぐらいの速度が妥当だろう。

翌6日が全日程中で最も長い距離を進んだ。約70㎞強を歩き、6日の夜に姫路城へ到着した。7日に着いたという史料もある通り、6日の夜明け前に出発すれば、その日の深夜にはどうにか辿り着けそうだ。秀吉が織田信孝へ送った書状に「二十七里を一日一夜で」（『浅野家文書』）と、やや大げさに記したのはこの姫路までの行程を表している。本拠地の

秀吉による中国大返し

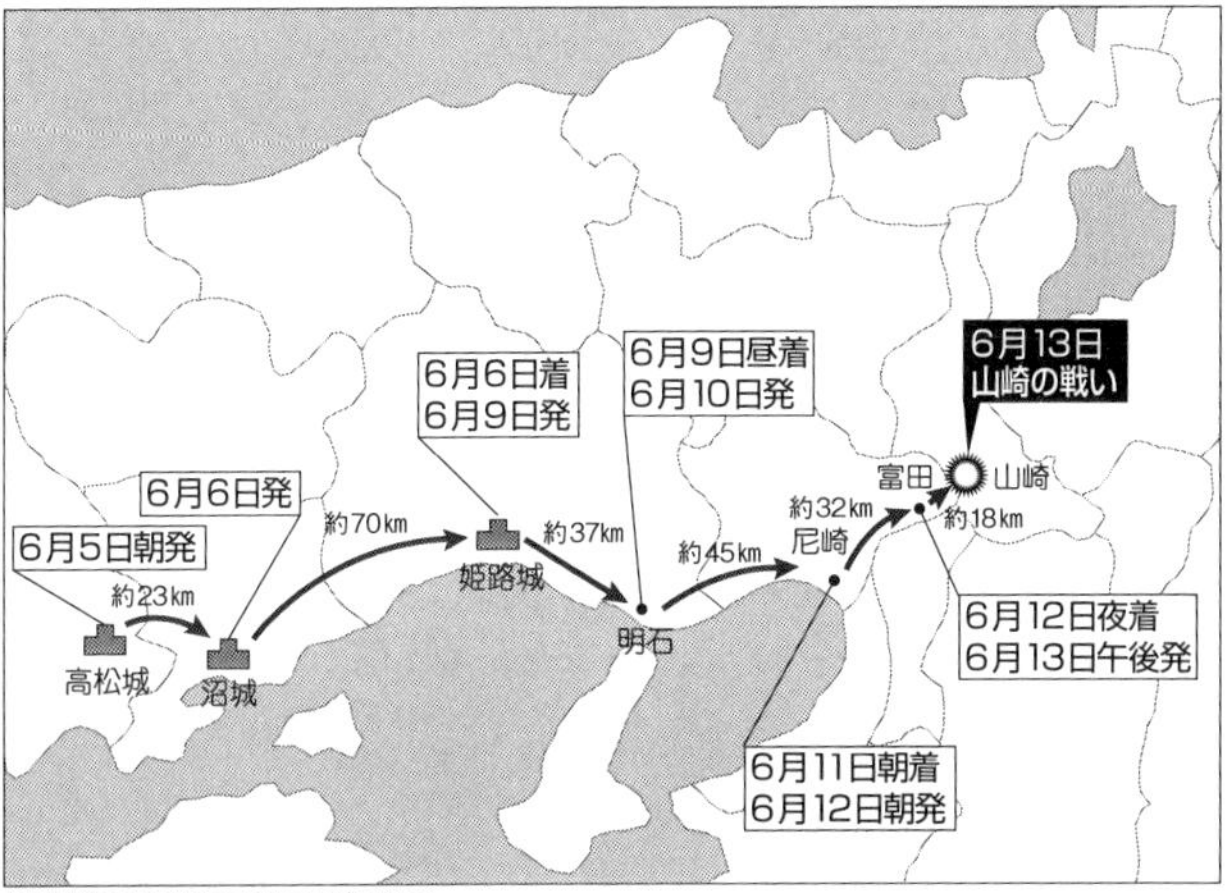

※実際の距離や行程には諸説ある

姫路城まで辿り着けば一安心なので、多少の強行軍をしたのかもしれない。

秀吉軍は姫路城で2日間休養し、9日から行軍を再開。8〜9時間かけて明石までの約37kmを進んだ。翌10日に明石を発ち、兵庫を経て11日には山崎に近い尼崎（兵庫県尼崎市）に到着した。尼崎まで全長約175km、姫路での休憩日を抜けば、6日間で1日約30kmずつ進んだ計算だ。確かに速いが、同時代の史料と比較しても別段脅威的ではない。

秀吉の大返しは、その行軍速度自体よりも、毛利家との講和を早く終わらせたこと、道中の情報収集・伝達が的確であったことに尽きるのではないだろうか。

Q 83

洞ヶ峠に布陣したのは順慶ではなく光秀の方だった?

山崎の戦いにおいて、筒井順慶が洞《ほら》ヶ《が》峠《とうげ》に布陣して動かず、どちらか優勢な方に味方をしようと日和見をしたことが「洞ヶ峠を決め込む」の語源となったという。しかし、結論からいえば洞ヶ峠に布陣したのは、誰であろう光秀だった。それも合戦当日ではなく、3日前の6月10日のことだ。光秀の援軍要請に応じず沈黙を続ける順慶に対し、洞ヶ峠まで出張ってプレッシャーをかけ、加勢を促したと考えられている。

順慶は本能寺の変直後、光秀の要請に応じて援兵を山城や近江へ送り、近江平定に力を貸す動きを見せていた。そもそも順慶と信長との仲介役となったり、大和国主の地位を推薦したのは光秀だった。その恩義は感じていたのだろう。しかし、秀吉の畿内接近の報を聞くや、大和郡山城へ退いた。結局順慶は動かず、光秀は失意のまま下鳥羽の本陣へ引き揚げた。順慶がどちらに付くか熟考しつつ、どっちつかずの対応をとったのは事実。それが、あたかも戦場のそばで態度を決めかねたという逸話が広まってしまったのである。

Q84 光秀の誘いに応じた武将は意外と多かった？

細川藤孝や筒井順慶に加勢を拒否され、諸人に見放されたかのように受け止められがちな光秀だが、もちろん彼に味方した者たちも少なくなかった。

6月2日付の美濃の西尾光教に宛てた書状から、光秀は本能寺襲撃の直後から、美濃・近江・尾張・若狭などの国衆に助力を要請していたことがわかっている。その結果、水野《みずの》守隆《もりたか》（尾張）・京極高次《きょうごくたかつぐ》（近江）・阿閉貞征《あつじさだゆき》（近江）・小川祐忠《おがわすけただ》（近江）・武田元明《たけだもとあき》（若狭）・山県秀政《やまがたひでまさ》（若狭）などが、本能寺後の光秀に呼応して行動を起こしている。このうち、北近江の国衆は長浜城を攻撃し、若狭の国衆は佐和山城を占領して光秀の近江平定を助けた。その後、彼らの多くは山崎の戦いに光秀方として参戦した。

戦後、阿閉貞征や武田元明は城を奪ったかどで処刑されたが、京極高次のように赦免され、後に豊臣や徳川政権下で厚遇を受けた者もいた。小川祐忠などは柴田勝豊の家老に取り立てられている。秀吉は敗軍の将に対して概ね寛大な処置をしたようだ。

Q85 なぜ光秀は山崎の地で秀吉を討とうとしたのか？

6月7日、安土城を一時占拠した光秀は、誠仁親王の勅使（吉田兼見）を迎え、京都警護の任を受けた。大義を得たことで光秀はすぐさま京へ戻り、朝廷や寺社に金を配ったり、町の税の免除を行ったりと、信長に代わる新たな為政者として振る舞った。

この頃になると、秀吉軍が反転し京を目指しているとの報が入り、決戦の機運が高まってきていた。そこで光秀は「京頭の儀、かたく申し付け」（『天正十年夏記』）と、朝廷に報告したうえで下鳥羽へ出陣し、秀吉との決戦に備えはじめる。光秀は、この戦を朝廷のお墨付きを得た大義あるものにしなくてはならなかったのだ。そのため、天皇の住まう京都を戦場にすることができず、西国から来る秀吉軍迎撃に、京から遠すぎず近すぎず、大坂とのほぼ中間にある山崎を決戦の場に選んだのであろう。古戦場の大山崎町一帯は、現在も大阪府と境を接する京都府の西端に位置する。この戦いにおける光秀の本陣は、長らく御坊塚《ごぼうづか》とも呼ばれる境野《さかいの》一号墳（京都府乙訓郡《おとくにぐん》大山崎町）にあったと考えられていたが、

近年、光秀が本陣を置いたとする説が有力な恵解山古墳。いまから約1600年前に築かれた前方後円墳で、乙訓地域全域を支配した有力者の墓と考えられている

平成23年（2011）の調査で、北へ1㎞近く離れた恵解山《いげのやま》古墳から光秀本陣跡と思われる陣城の遺構が発掘された。さらに北へ1㎞弱のところに、光秀が敗戦後に入った勝龍寺《しょうりゅうじ》城があり、主戦場からはだいぶ後方に位置していた。

対する秀吉の本陣が、天王山（京都府乙訓郡大山崎町）中腹にある宝積寺《ほうしゃくじ》だった。よく山崎の戦いのことを「天王山」と呼び、今でも大一番を表す言葉として使われる。この戦いについても、天王山の争奪戦であったようにいわれるが、その山には秀吉が本陣を置いただけであり、勝敗に影響したのは山麓で行われた戦闘であった。

Q86 光秀はクーデター後にどんなビジョンを描いていたのか？

歴史は勝者によってつくられる――。光秀の生涯や事跡に不明な点が多いのも、やはり彼が敗者となったからに他ならない。特に、彼が信長を倒したあとのビジョンを示すようなものは皆無といっていい。

たとえば「変」の後、光秀が自分に味方するよう頼んだ書状は、先に挙げた西尾光教宛てのもの（→Q81）しか現存しない。当時こそ、そのような文書は山ほどあったはずだが、謀反人・光秀とつながった証拠を残していては、後の時代を安泰には生きられない。身の安全を図るため、光秀と関係した者たちが自身で闇に葬ったと考えられよう。

史料からは証明できないが、光秀が足利幕府の再興を目指していたとする説は、古くから唱えられてきた。それを推測するものに『本法寺文書《ほんぽうじもんじょ》』がある。そこに足利義昭が乃美《のみ》宗勝《むねかつ》（小早川隆景の家臣）に下した御内書《ごないしょ》の内容が残っている。

「信長討ち果たす上は、入洛の儀、急度馳走すべき由、輝元・隆景に対し申し遣わす条、

江戸時代に書かれた足利義昭の肖像。信長に追放された義昭は、備後鞆の浦に移り、鞆幕府と呼べる勢力を築いていたとされる（東京大学史料編纂所所蔵模写）

この節、いよいよ忠功を抽んずべき事肝要（後略）」と、義昭はまるで自分が信長を討ったような書き方をしている。これらの史料から、光秀が義昭の指示で信長を討ったとする「義昭黒幕説」も昔から有力な説として扱われる。

その説の詳細は後段に譲るが、旧来の足利将軍家による全国支配の復活は、信長政権の否定である。Q66やQ84で紹介した通り、畿内の国衆には、信長に恨みを持つ者も多く、光秀に加勢した者もあった。「たられば」の話だが、信長打倒の旗手・光秀が秀吉に勝っていれば、さらに多くの国衆たちの支持を受けた可能性があったといえるだろう。

Q87 光秀の子や明智家臣団は山崎の戦いの後どうなった？

天正10年（1582）6月13日、山崎の戦いに敗れた光秀は、退却の途中に落ち武者狩りに遭い、非業の最期を遂げた（『太田牛一旧記』など）。その場所は、小栗栖《おぐるす》（京都市伏見区）をはじめ、勧修寺《かじゅうじ》在所、醍醐《だいご》、山科《やましな》など史料によってまちまちである。

深手を負った光秀を、随行していた溝尾《みぞお》茂朝《しげとも》が介錯して首を持ち帰ろうとしたが、溝尾も百姓らに追い立てられ、その首を藪の中に隠した。しかし「百姓に首をひろわれ申し候」と、結局光秀の首は織田信孝に差し出されたという（『浅野家文書』、『兼見卿記』）。

翌14日、近江坂本城で明智秀満《ひでみつ》（弥平次）、明智光忠《みつただ》らが籠城して最後の抵抗を試みたが、押し寄せる秀吉軍に包囲される。秀満らは妻子を殺して自害した。

重臣の斎藤利三《さいとうとしみつ》は近江の堅田《かたた》に潜伏していたが、6月17日に捕縛され刑死。彼の娘・福は後に徳川家光の乳母となり、春日局と名乗って江戸城大奥で権勢を振るった。

他の重臣たちだが、木村吉清《きむらよしきよ》は蒲生氏郷の与力大名となって活躍。木俣守勝《きまたもりかつ》は井伊直政の重臣となり、その子孫が彦根藩筆頭家老となった。柴田勝定《しばたかつさだ》は堀秀政、秀治《ひではる》に仕えた。津田重久《つだしげひさ》は豊臣秀次の配下となり、後に前田利長《としなが》の家臣となって大聖寺《だいしょうじ》城代を務めるなどしている。生き延びた光秀の旧臣は意外なほど、厚遇を受けたのである。

光秀には二人の男児がおり「非常に上品な子どもたちで、ヨーロッパの王子を思わせるようだった。長男は13歳だった」(『日本史』)というが、坂本城落城の際に自害してしまった。一方で、京都妙心寺《みょうしんじ》や大坂の本徳寺《ほんとくじ》で出家し、余生を過ごしたとの説もある。『明智軍記』には3男4女、『続群書類従』(「明智系図」)には6男7女たちがいたと伝わるが、確固たる記録はなく、また光秀の死後どうなったのかも不明な点が多い。

唯一、細川忠興に嫁いだ光秀の3女・玉子(細川ガラシャ)の系譜はハッキリとしている。彼女は本能寺の変後、丹後に幽閉されていたが、2年後に大坂の細川屋敷へ戻された。幽閉の後も夫婦仲は良く、五人の子宝に恵まれ、3男の忠利《ただとし》が跡取りとなる。それ以後、肥後熊本藩54万石を統治した。血統は第7代藩主・細川治年《はるとし》で絶えるが、細川家は以後も繁栄を続けたことはよく知られていよう。また、ガラシャ長男の忠隆《ただたか》の長女・徳姫は皇室へ入り、その子孫の正親町雅子《おおぎまちなおこ》が仁孝《にんこう》天皇の後宮に入り、孝明《こうめい》天皇(明治天皇の父)を生んだ。つまり光秀とガラシャの血脈は、現在の天皇家に続いていることになる。

Q88 本能寺の変がなければ信長の天下はありえたのか？

「信長之代、五年、三年は持たるべく候。（中略）左候て後、高ころびに、あおのけに転ばれ候ずると見え申候。藤吉郎（秀吉）さりとてはの者にて候」（『吉川家文書』）

毛利家の外交僧・安国寺《あんこくじ》恵瓊《えけい》は天正元年（1573）、「信長は高転びに転ぶ」と予言めいた書状を残した。予想よりは長かったが、やがて信長は討たれ、秀吉の天下が到来した。恵瓊は、絶対君主制を敷く信長に対する反発の気配を強く感じていたのだろう。

天正3年、信長は重臣筆頭の柴田勝家に対し「何事も信長の指図次第と覚悟せよ」「信長のいる方へは足も向けないほどの心がけをせよ」といった『掟条々』を出した。ルイス・フロイスも『日本史』で「彼は日本のすべての王侯を軽蔑し、下僚に対するように肩の上から彼らに話をした」と述べている。光秀がやらずとも、誰かがいつ何時、信長に刃を向けてもおかしくない状況であり、天下取りは危うかったといえよう。信長は容易に隙を見せなかったが、光秀はその一瞬の隙を見逃さず「変」の決行に及んだのであった。

Q89 徳川家臣として奮戦を続け明治維新まで存続した明智一族がいた？

坂本城の落城時、最後まで立て籠もった明智秀満（弥平次）が、城内にいた明智一族をことごとく殺害した後に自害したことで、明智一族は滅亡したとみられている。

だが、その血統は完全には途絶えていなかった。先に紹介した細川ガラシャの子どもたち以外にも、光秀の親族が江戸時代以降も命脈を保っていたのだ。たとえば、光秀の菩提寺の一つ、京都・妙心寺では光秀の子・玄琳《げんりん》が隠棲《いんせい》し『明智系図』を残したとも伝わる。

もう一つの系譜がある。光秀は土岐一族の支流といわれるが、その土岐氏支流出身の土岐定政《さだまさ》（1551〜1597）という武将がいた。上野沼田藩『土岐家譜』によれば、父が美濃の内紛で戦死したため、母方の叔父の養子となり、菅沼藤蔵《すがぬまとうぞう》と名乗った。藤蔵は徳川家康に仕えて武功をあげ、天正10年（1582）、明智定政と改名。さらに文禄2年（1593）には土岐姓に復し、土岐家を大名家として再興。定政から4代後の頼稔《よりとし》が上州沼田城（群馬県沼田市）3万5千石の大名となり、明治維新まで続いたのである。

明智光秀ミステリー

各地に残る明智光秀の埋蔵金伝説

真田信繁《のぶしげ》（幸村）や豊臣秀頼など、悲劇的な最期を遂げた人物には、とかく生存説が付きものだ。光秀にも生き延びて天海《てんかい》と名乗り、徳川家に仕えたという伝説がある。その天海（光秀）埋蔵金伝説が各地に伝わっている。

一つが日光だ。天海の助言に従って東照宮が建てられた日光には天海の墓があり、また「明智平」という意味深な名の景勝地がある。その明智平のどこか、もしくは東照宮の神橋付近に、埋蔵金は眠っているという。

京都市右京区の周山城《しゅうざんじょう》は、光秀が築いた山城である。この山中に光秀の死後、家臣の進士作兵衛が軍資金を埋蔵したと伝わる。山崎の戦いの際、光秀の命を受けて軍資金を輸送中だった作兵衛は敵方に奪われないよう、金を2か所に分けて土中に隠した。江戸時代になり、作兵衛は「さる御方」からの密命で、うち一つを掘り起こしたという。その「さる御方」こそ、天海であったというのだ。もう一つは発掘の記録がなく、どうなったのかは不明のまま。この伝説は陸奥仙台藩の能楽師の家という意外な出どころがあるが、その理由はわからない。

周山の麓に慈眼寺《じげんじ》という光秀の菩提寺があり、光秀の姿を模した黒塗りの木造が伝わる。昭和の半ば、埋蔵金研究家の畠山清行《はたけやまきよつら》が「旧暦三月三日の巳の刻、松の枝の影ができる。その岩の下にある」と、慈眼寺の境内に埋蔵金があるという仮説を立てた。残念ながら、これらの場所から埋蔵金が出たという報告は皆無だ。果たして、埋蔵金は今も人知れず地下深くに眠っているのだろうか。

5章

本能寺の変に黒幕はいたのか？

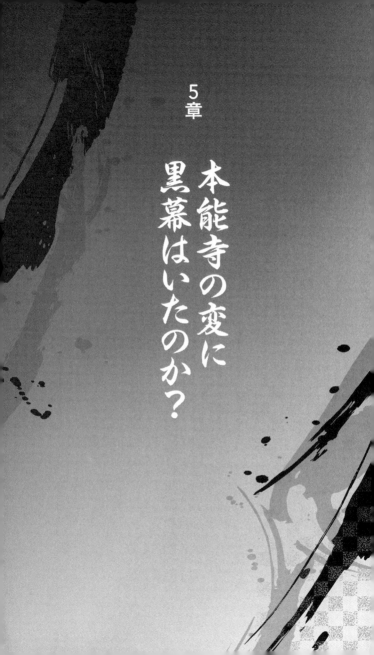

Q90 明智光秀の謀反の動機にはどのような仮説があるのか？

天正10年（1582）6月2日未明に起こった本能寺の変。明智光秀による主君・信長への謀反の動機については古くから様々な仮説が唱えられている。

一介の浪人に過ぎなかった光秀は信長に取り立てられ、厚い信任を得て大名にまで昇り詰めた。恩人であるはずの信長を裏切った理由は何なのか。光秀本人は本能寺の変の11日後に山崎の戦いで羽柴秀吉に敗れ、敗走中に討ち死にしている。光秀の重臣の多くも討ち死にしており、関係史料も乏しく、その理由は今日でも謎に包まれている。これが多くの仮説を生み出した背景にある。

主な仮説としては次のようなものがある。まず信長への積もり積もった恨みが理由だとする「怨恨説」。満座の前で叱責されて恥をかかされたことや、徳川家康の饗応《きょうおう》役を外されたことなどで信長を恨んでいたというものだ。芝居や講談、読み物などで描かれており、あたかも定説のようになっていた時期もある。

また、信長に代わって天下を取ろうとしていたという「野望説」もある。毛利軍と対峙していた秀吉の援軍に向かう前に光秀は、京都・愛宕山《あたごさん》で連歌会を開いた。このとき天下取りの決意を表す発句を詠んだとする、いわゆる「愛宕百韻《ひゃくいん》」を一つの根拠とするものだ。

光秀単独の謀反ではなく、背後で画策する者がいたとする「黒幕説」では、当時信長を取り巻く多くの人物や組織の名前があがっている。足利義昭、朝廷、羽柴秀吉、徳川家康、イエズス会、本願寺などだ。義昭や朝廷、本願寺などは信長と対立関係にあったため、可能性は十分にある。秀吉や家康の名があがるのは意外だが、いずれも信長の死後に天下を取っている。信長の死と利害関係がまったくなかったとはいい切れない。この場合、光秀は「実行犯」の一人だったということになる。

その他、四国の長宗我部元親《ちょうそかべもとちか》に対する信長の政策に反発した光秀が、それを阻止するために殺害したというもの、国替えなどの処遇に不満を抱き、自分の将来に不安を覚えたからというもの、朝廷をないがしろにしたことへの義憤から、あるいは非道な振る舞いを阻止したかったからなど様々だ。

一体どの説が真実に近いのか。黒幕がいたとすれば、それは誰なのか。それぞれの仮説について次頁以降で解説していく。

Q91 光秀の信長殺害は恨みによるものだったのか？

明治以降、多くの学者が光秀による恨みを信長殺害の動機とする怨恨説をとっており、それが定説のようになっていた。その怨恨とは、主に次のようなものである。

①安土城を訪れる徳川家康の饗応役を命じられた光秀が、魚が悪臭を放っていたなどとして信長にひどい叱責を受け、饗応役を解任された

②丹波八上城攻めの際、城主・波多野秀治《はたのひではる》とその弟・秀尚《ひでひさ》の安土移送と引き替えに光秀は母を人質に出す。しかし信長は波多野兄弟を殺してしまったため、八上城にいた光秀の母も磔にされてしまった

③光秀が秀吉の援軍として中国に出陣する際、信長は光秀に丹波と近江志賀《しが》から出雲・石見への国替えを命じた。出雲と石見はこの時点で敵方の領地であり、自力で奪取しなければならない、事実上の領地召し上げであった

①は『川角太閤記《かわすみたいこうき》』に記されている。しかしこれには根拠がない。『川角太閤記』は江戸

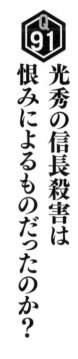

時代に書かれたものであり、史料として信頼性が低いとされている。『信長公記』には饗応役を務めたことは書かれているが魚が悪臭を放っていたことは書かれておらず、饗応役解任も毛利攻めに手こずる羽柴秀吉の援軍に向かわせることが目的であった。

②は本能寺の変から100年以上経ってから書かれた『総見記《そうけんき》』の記述で史料的価値が低い。波多野兄弟のうち、秀治は移送途中に死に、秀尚は安土城で自刃しており、信長が殺したわけではない。また『信長公記』によると光秀は兵糧攻めと調略で波多野兄弟を捕らえたことになっている。母を人質に出したという記述もなければ、その形跡もない。

③は『明智軍記』にその記述がある。しかし信長が領地を召し上げて新たな領地を与える場合、すでに平定しているところかその見通しの立っているところに限られていた。『明智軍記』に書かれているようなことは現実にはありえない。『明智軍記』も本能寺の変後100年以上経過してからのものであり、信憑性は低い。

このように、三つの恨みの根拠になるのはいずれも江戸時代に成立した書物で、史料としての価値は低い。この他、命令に従わなかった光秀を信長が激しく折檻《せっかん》したなどの話もあるが、創作の可能性が高い。激昂しやすい人物としての信長像を創り出し、光秀から恨みを買うようなストーリーに仕上げたかったのかもしれない。

Q92 愛宕百韻は光秀の天下取りの決意表明なのか？

天正10年（1582）5月27日、光秀は京都・愛宕山の愛宕大権現に参詣している。この数日後には中国で毛利軍と対峙している羽柴秀吉の援軍として出陣する予定であり、その戦勝祈願でもあった。その翌日、光秀は威徳院西坊《いとくいんにしのぼう》で、連歌師・里村紹巴《さとむらじょうは》らと連歌会を催す。いわゆる「愛宕百韻」である。ここで光秀は「時は今　天が下しる　五月哉」という発句を詠んだ。この発句は従来、「時」を「土岐」、「天が下しる」を「天下を治める」と読み取り、「土岐氏が天下を取る五月になった」と解釈されてきた。光秀は美濃の土岐氏を出自としているため、その光秀が天下を取る決意を表明したというのである。

光秀野望説の根拠の一つが、光秀の死の直後に書かれた軍記物『惟任退治記《これとうたいじき》』だ。その中で光秀のこの発句は野心の表れだとされている。しかし『惟任退治記』は秀吉の側近・大村由己《おおむらゆうこ》によるもので、意図的に光秀の悪人イメージを強調した可能性がある。

また光秀の発句は由己によって「天が下なる」が「天が下しる」に改ざんされたという

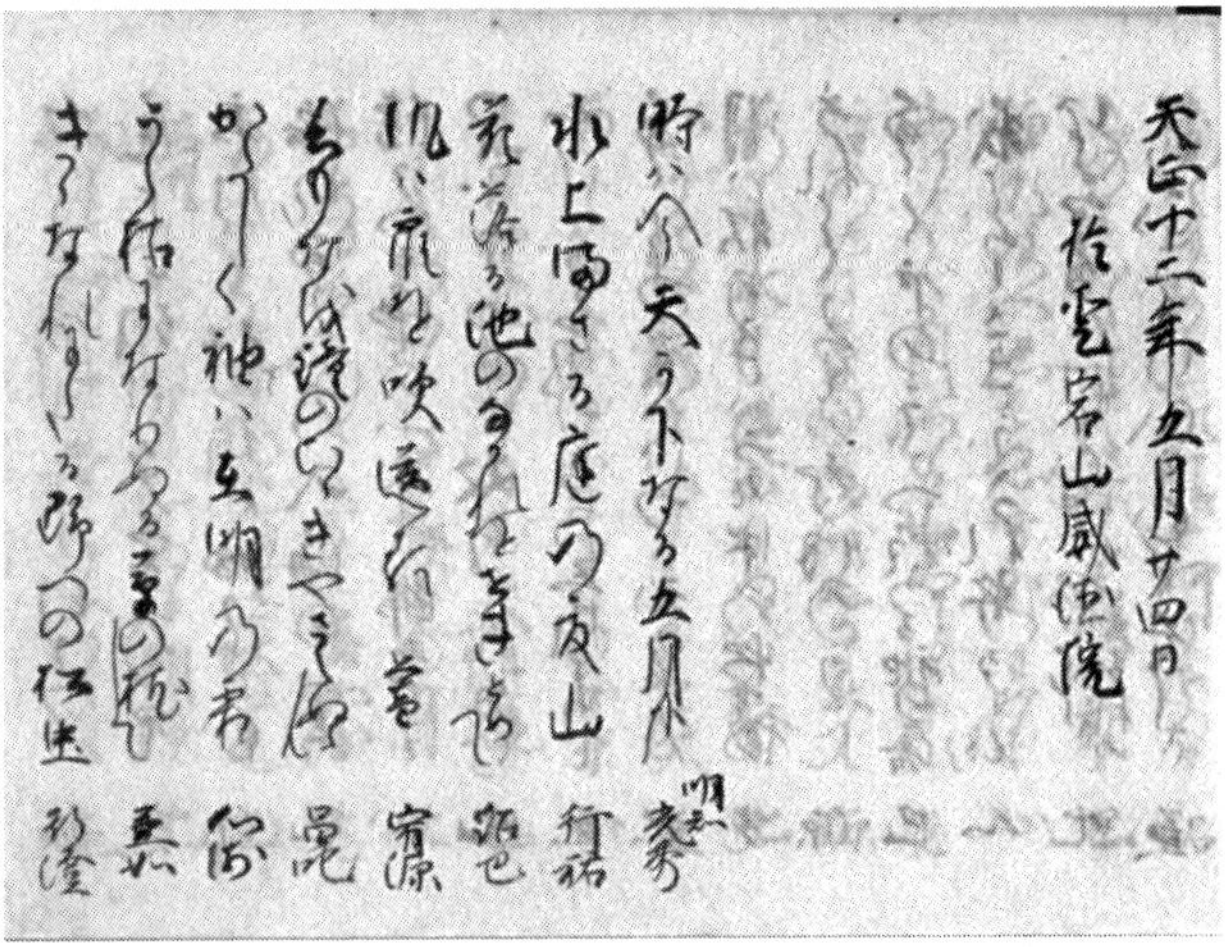

愛宕百韻の写し。冒頭が光秀の句である。日付は天正12年5月24日とあるが、28日とする説もある。なお、天正12年は書き写しのミスだとされる（京都大学附属図書館蔵）

指摘もある。もともとは「時は今　天が下なる　五月哉」であり、これだと「雨の降る五月だ」と解釈できるため、天下取りの意図は読み取れない。

歴史研究者の津田勇氏は「時」を「土岐」に結び付けるのは短絡的であると指摘している。津田氏によると「時は今」は『三国志』の「今ヤ天下三分」「危急存亡ノ秋《とき》ナリ」を踏まえたものだという。

さらにいえば『平家物語』の源頼政・頼朝、『太平記』の源頼兼《よりかね》・足利尊氏などによる平氏討伐をも踏まえ、源氏の棟梁・足利義昭を奉じる光秀が平氏を名乗る信長を討つことを表明した可能性もあるのだ。

Q93 信長と対立した朝廷が光秀に信長を殺させたのか？

朝廷黒幕説の根拠となる出来事として、正親町《おおぎまち》天皇譲位問題、三職推任《さんしきすいにん》問題、暦問題などがある。いずれも天皇の「大権」や権威に関わるものであり、これらを信長が侵害し、その権威を傷つけようとしたことで対立が深まったというものである。

まず正親町天皇譲位問題。天正元年（1573）、信長は正親町天皇に譲位を申し入れた（『孝親公記《たかちかこうき》』）。しかし正親町天皇がこれを拒否し、その後も拒否し続け、それが信長と朝廷の不和につながったというものだ。ところが正親町天皇は譲位の申し入れを喜んだという（『正親町天皇宸筆《しんかん》御《ご》消息案《しょうそくあん》』）。このとき正親町天皇は57歳、高齢に達する前に譲位することは当時としては一般的であり、むしろ譲位の機会としては十分だったのである。だが、在位期間が30年近くあった正親町天皇が譲位できなかったのは、経済的な事情から様々な儀式の費用を捻出できなかったためであり、経済的に支援してくれる信長の存在はありがたかったはずだ。

三職推任問題とは、朝廷が信長に太政大臣、関白、将軍のいずれかへの就任を持ちかけ、信長がその回答を留保したという問題だ。天皇が官位を授けるという形式が逆転してしまって朝廷側の反発を招き、謀殺につながったという。しかしこれらの官職は信長が望んだわけでもそのことで朝廷に何らかの圧力をかけたわけではなかった。信長の家臣・村井貞勝《むらいさだかつ》が、この三職のうちならば将軍がよいのではと朝廷側に伝えただけだとされており、信長自身は関与していないとされている。当時信長は天下統一に向けて各地で戦闘を続けている最中で、朝廷関係の業務に専念できない状況でもあった。

暦問題は閏月をめぐる問題である。陰陽寮《おんようりょう》の暦博士が作成し、天皇に上奏した暦では天正11年（1583）に閏月が設定されていた。しかし信長は濃尾の暦（三島暦《みしまれき》とも）に基づいて天正10年にそれを設定すべきだと主張したとされるものだ。暦の制定は時の支配につながるもので天皇大権の一つと考えられていたため、それを信長が侵害したというのだ。しかし信長が朝廷を尊重し、暦の正確性を追求したためという説もあり、黒幕説の決め手にはなりえていない。

いずれも信長が天皇の権威を軽んじ、権限を侵害したとはいい難い。朝廷にとって信長は経済的なスポンサーであり、仮に軋轢《あつれき》があっても謀殺することで得る利益もないのだ。

Q94 信長の神格化を怖れイエズス会が関与したのか？

ルイス・フロイスに代表されるイエズス会を保護するなど、キリスト教には好意的だった信長。永禄《えいろく》8年（1565）に正親町天皇が出した宣教師の追放令を、信長は同12年に解除し、フロイスらの京都での居住権や布教活動を認めている。京都に「南蛮寺《なんばんでら》」と呼ばれる教会も建立し、安土城下にもセミナリヨの設置を認めたほどキリスト教を保護したはずの信長だが、イエズス会がその命をねらい、光秀に謀殺させたという「イエズス会黒幕説」があるのだ。イエズス会は信長を軍事的・経済的に支援していたが、自己神格化を図る信長がイエズス会の意に添わなくなってきたために謀殺した、というものである。歴史家の立花京子《たちばなきょうこ》氏が唱えたこの説だが、そもそもイエズス会が信長を支援していたことを裏付けるものが日本の史料にもイエズス会の史料にも存在しない。むしろ日本のイエズス会の財政は逼迫《ひっぱく》しており、信長を支援する余力などなかった。前述のように、逆にイエズス会が信長から保護を受けていたのである。イエズス会の東インド巡察師として来日したアレッサンドロ・ヴァリニャーノは、日本での布教活動とイエズス会の発展に信長の保護は不可欠であることを指摘している。一方の信長も、仏教勢力を牽制するためにキリスト教を優遇し、それを利用していた。いわば双方が「持ちつ持たれつ」の関係だったわけで、イエズス会が信長を裏切る理由が見当たらないのである。

そのことは本能寺の変の前後のイエズス会の動向でもわかる。イエズス会は布教地を布教区・準管区・管区の3段階に分類していた。本能寺の変の数年前より、ローマのイエズス会本部は日本を準管区に昇格させるために動いていた。変の4か月ほど前には、日本のイエズス会はヴァリニャーノと4人の少年をローマに派遣している（天正遣欧少年使節）。日本での活動が徐々に軌道に乗りはじめていた頃に、後ろ盾となっていた信長が殺害されてしまったのだ。信長が死んでしまえば、せっかくの活動が頓挫してしまい、イエズス会が得るものは何もないのである。

変の直後、安土にいた宣教師のオルガンティーノやセミナリオの少年たちは琵琶湖沿岸の沖島への避難を余儀なくされた。このときオルガンティーノは追いはぎや盗賊に襲われ、財産を奪われるなどひどい目に遭っているという。イエズス会が信長殺害に関与していない何よりの証拠といえるのではないだろうか。

Q95 足利義昭が光秀に命じて信長を殺害させたのか？

打倒信長の兵をあげるも敗北した足利義昭は、元亀4年（1573）、信長によって京都から追放される。そんな義昭が信長の殺害に関与していても不自然ではない。

義昭の黒幕説の根拠となるものは、山崎の戦いの前日、本能寺の変後10日以上経過した6月12日付の光秀の書状だ。反信長勢力の一人で、義昭や毛利氏とも連絡を取り合っていた土橋《つちばし》重治《しげはる》に宛てた返書である。この中で光秀は「委細（闕字《けつじ》）上意（将軍）として、仰せ出さるべく候由也」と述べている。詳細は将軍から指示があるということだ。これは指揮権を義昭が握っていることを意味する。さらに「上意（将軍）馳走申し付けられて示し給い、快然に候」「（将軍の）入洛の事、即ち御請け申し上げ候」と述べ、重治が義昭から協力を求められていたこと、光秀が義昭の上洛に尽力する意思表示をしたことがわかる。こう理解すると義昭が黒幕だと考えても不思議ではない。

しかし光秀が義昭と共謀していたことを示す史料は残っていない。また6月9日、光秀

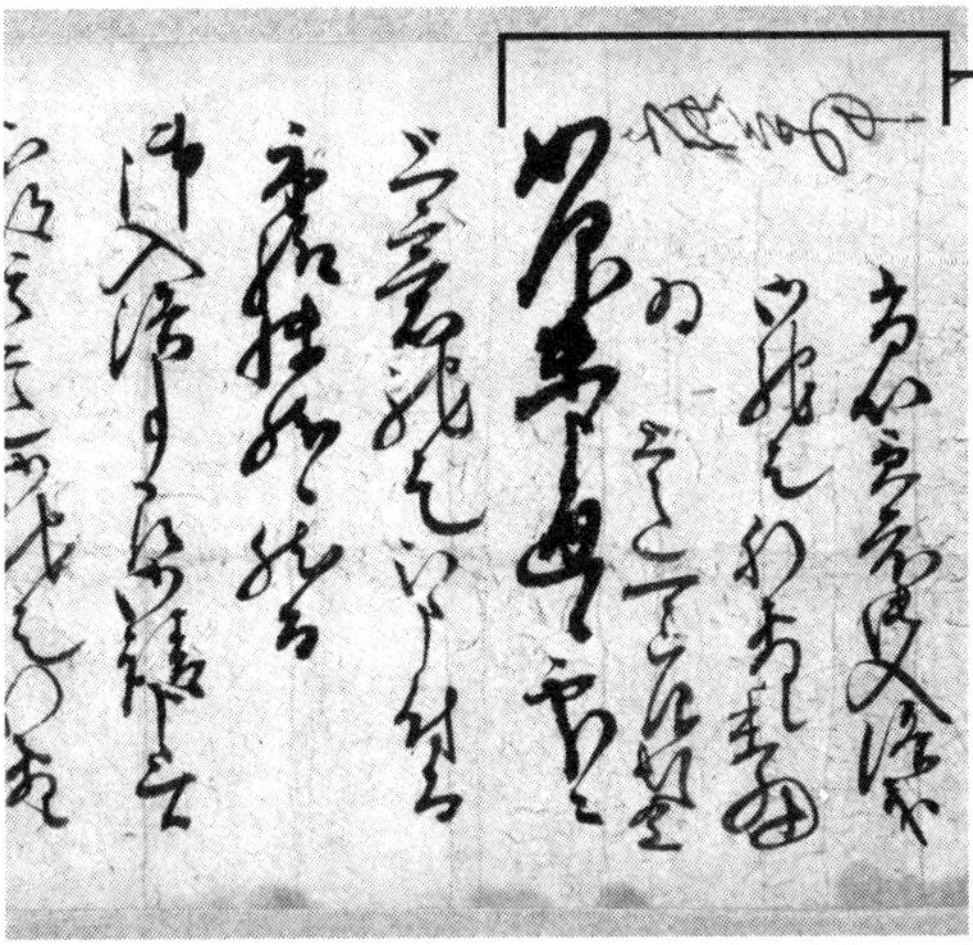

（釈文）
尚以、急度御入洛義
御馳走肝要候、委細
為（闕字）上意、可被仰出候条、
不能巨細候

紀伊雑賀を治めていた豪族・土橋重治の手紙に光秀が返信した書状。義昭黒幕説の裏付けとなるのだろうか（美濃加茂市民ミュージアム蔵）

は細川藤孝や筒井《つつい》順慶《じゅんけい》に協力を求める書状を送っているが、いずれも期待に反して動くことはなかった。すでに中国から羽柴秀吉が畿内に戻ってきている状況下でもあり、孤立状態になりつつあった光秀が、焦って義昭との連携を模索しはじめたと理解した方がよい。

また勧修寺《かじゅうじ》晴豊《はれとよ》の『天正十年夏記』には、朝廷が信長を将軍に任官する意思があったことが記されている。これは義昭が将軍を解任されることを意味するもので、光秀はこれを阻止するべく信長を討ったともいわれている。しかし信長は将軍就任にはあまり前向きではなかったため、この説もあまり説得力がない。

Q
96

秀吉は本能寺の変が起こることを事前に知っていたのか？

本能寺の変の黒幕として、羽柴秀吉の名前もあがっている。秀吉が光秀と共謀していた、または光秀をそそのかして信長を殺害させたというものである。その最大の理由は、秀吉がこの変によって最も利益を得た人物だからだ。

本能寺の変勃発時、秀吉は備中高松で毛利氏配下の清水宗治《しみずむねはる》と対峙していた。変の一報を受けるとすぐさま講和を結び、約２００㎞を8日ほどで走破し、京に戻ったのだ（→Q82）。「中国大返し」と呼ばれるものだが、これがあまりに早すぎると疑問視する声や、毛利側との講和もあまりに迅速で手際が良すぎるとの声もあり、変を事前に知っていたのではないかという指摘につながっている。

しかし和睦交渉は本能寺の変の知らせを受ける前から行われていたものであり、変を知って慌てて行ったものではない。また大返しについては『惟任謀反記』に「姫路に至ること廿里ばかり、その日、着陣す。諸卒相揃わずといえども」（姫路着陣、出陣時）、「秀吉の

備中高松城水攻めを描いた「太功記之内高松水攻」。この戦いの援軍が光秀のはずだった（都立中央図書館特別文庫室蔵）

人数、備中、備前に相後れたる者これ多し」（山崎の戦い時）という記述がある。秀吉は主な武将のみを率いて先行し、多くの兵士は遅れて後をついて行ったのだ。山崎の戦いに間に合わなかった者も大勢いたという。

また秀吉は毛利側との和睦成立後も、しばらく毛利側の様子をうかがってから移動を開始している。清水宗治が切腹し、和睦成立が6月4日、秀吉が高松から撤退を開始したのが2日後の6日（5日とする説もある）。毛利が和睦を破棄して追撃してくる可能性もあり、下手をすると光秀軍と毛利軍に挟撃されかねないからだ。そんなリスクを冒してまで信長の殺害に関与し、ライバルである光秀を天下人にしてしまうかもしれない陰謀を企てる理由が見当たらない。

Q97 徳川家康と明智光秀の間には信長謀殺の密約があったのか？

光秀は、中国出陣と見せかけて本能寺で家康を謀殺せよと信長に命じられていたという説がある。しかし光秀が逆に家康と共謀して本能寺で信長を討ったというのが徳川家康黒幕説だ。光秀軍の兵で本能寺襲撃に参加していた本城《ほんじょう》惣右衛門《そうえもん》が後に「家康を討つのかと思っていた」と回想している（『本城惣右衛門覚書』）。またルイス・フロイス『日本史』には、中国出陣であるにもかかわらず臨戦態勢での入京を命じられた光秀の兵たちが、家康を討つのだろうと考えていたという記述もある。これらのことからすると、信長による家康謀殺というのは、当時としてはまったく考えられないことではなかったのかもしれない。

作家の明智《あけち》憲三郎《けんざぶろう》氏によると、信長が光秀に家康殺害を命じたところ、以前から信長の政策に不満があり、中でも天下統一後に明を征服するという「唐《から》入り」を阻止しようとした光秀が、家康と手を結び本能寺の変を起こしたとする。真偽は定かではないが、ルイス・フロイスがイエズス会本部に送った天正10年11月5日付の『イエズス会日本年報』に信長

本能寺の変を受けて這々の体で伊賀を越えて領国の三河に戻った家康。はたして黒幕なのだろうか（東京大学史料編纂所所蔵模写）

の明征服発言が記載されている。

しかし、信長が家康を殺害する理由が見当たらない。勢力を拡大し続ける家康を脅威に感じたからだとする説もあるが、天下統一を目指して上杉や毛利とも戦っている最中に盟友を殺害してしまうことは考えにくい。また、光秀が家康をどうやって味方に付けたかということにも疑問が残る。変の直前、家康が安土に逗留した際に、その饗応役を務めた光秀が直接この話を持ちかけた可能性が指摘されている。しかし信長のお膝元である安土で、二人だけでこのような謀議をすることは困難かつ危険であり、これも考えにくいのだ。

Q98 将来の不安と長宗我部氏救済のため光秀は信長を殺害した？

一介の浪人に過ぎなかった光秀は信長に取り立てられ、丹波一国を与えられるほどの重臣に昇り詰めた。秀吉の例もあるが、実力のある者は出自に関わらず積極的に登用する信長の実力主義の表れでもある。しかし天下統一が目前に迫っている頃、信長の人事方針に変化が見られるようになる。重臣層の世代交代である。信長は重臣たちに国替えをさせて遠隔地に置き、代わりに織田一門や若い近習などを政権中枢に据えようとしていたのだ。

信長は版図を拡大するにつれ、重臣たちをその境界地域を担当する司令官として派遣するようになっていた。北陸方面の柴田勝家《しばたかついえ》、関東方面の滝川一益《たきがわかずます》、中国地方の秀吉などがそれである。光秀も畿内を担当していた。たとえば勝家は近江の所領を召し上げられ、越前に配置された。秀吉の近江長浜も近習の堀秀政に与えられている。世代交代が進むこの流れに光秀が危機感を抱いた可能性はある。

また勝家や丹羽長秀、秀吉など、信長の主な重臣の多くは尾張時代より信長に仕えてい